예쁜 손글씨 한권으로 OK
# 한글 명품 손글씨 쓰기

한글새암 편

이가출판사

| 머리말 |

    정성에는 사람을 감동시키는 힘이 있다. 고르고 예쁜 글씨에는 쓰는 사람의 정성이 느껴진다. 그런가 하면 '천재는 악필'이라는 위로는 더 이상 통하지 않는다. 명필은 아니더라도 자기 노력으로 단정하게 보이는 글씨를 가질 수 있기 때문이다. 악필은 결국 게으름과 나태의 소치일 뿐이다.
    맛이 있어도 고춧가루가 덕지덕지 말라붙은 지저분한 그릇에 아무렇게나 담긴 김치보다는, 조금 맛이 떨어져도 깨끗한 그릇에 오물조물한 손길이 느껴지게 담긴 김치로 손이 가는 것이 인지상정이다. 비록 컴퓨터로 인하여 글씨의 효용이 떨어졌다고는 하지만 여전히 짧은 메모만으로도 서체의 정갈함을 보일 기회는 얼마든지 있다. 그러기에 기왕이면 잘 쓰는 글씨를 갖고 싶다.
    원고지에 혹은 리포트 용지에 또박또박 새기듯 글씨를 쓰던 일이 현저하게 줄어든 현상은 어쩔 수 없는 시대의 흐름이다. 그러기에 글씨에 대한 염려 역시 그만큼 줄어들었을 것이라 추측할 수도 있지만 실제로는 못 쓰는 글씨에 대한 고민은 여전하다. 아이의 글씨가 엉망이라 고민인 어머니들, 괴발개발인 글씨로 핀잔을 당하는 당사자들, 좋은 글씨체 하나쯤 갖추기를 바라는 직장인들 등 아직도 글씨에 대한 고민은 다양하게 산재해 있다.
    이러한 고민을 수용하여 해결책이 되기를 바라는 마음에서 처음 출간한 책이 『일주일 안에 마스터 한글 손글씨 쓰기』였다. 다행이도 많은 분들이 책의 실용성과 효용성에 호응하고 또 성원해 주셨다. 특히 한 학생의 고마운 편지는 편집진에게 흐뭇한 마음과 더불어

새로운 구성에 대한 고민을 안겨주었다. 편지는 글씨 쓰기에 대하여 재미와 기쁨을 얻었다는 인사와 집중적인 연습 공간이 더 있었으면 좋겠다는 내용이었는데, 의외로 이 학생의 충고에 공감하는 의견들이 많음을 확인할 수 있었다.

이러한 요구에 맞추어 이번에 출간하는 『한글 명품 손글씨 쓰기』에서는 고운 글씨체를 갖출 수 있는 충분한 연습의 기회를 제공하고, 다양한 구성을 통해 단조로움에서 생길 수 있는 지루함을 극복할 수 있도록 하는 것에 초점을 맞추었다.

1부는 자음, 모음 등의 낱글자 쓰기와 겹받침 쓰기 등으로 구성하여 모든 글자의 기본 형태를 익히도록 구성하였다. 이를 바탕으로 2부에서는 자음과 모음, 받침이 어우러진 글자 쓰기와 순우리말 단어쓰기 등을 통해 낱글자들의 결합에 따른 균형과 조화에 익숙해지도록 하였다. 그리고 3부는 원고지 문장쓰기, 줄 노트 문장쓰기, 다이어리 꾸미기 등으로 구성하여 실제 활용에 근접한 연습의 예들을 제시하였다.

글씨가 그 사람의 인격과 교양을 짐작하는 거울이라는 말이 있다. 그런데 아무리 명필의 천품을 타고 났어도 처음부터 글씨를 잘 쓰는 사람은 없다. 쓰고 또 쓰다보면 어느 순간 누구에게나 호감을 사는 좋은 서체를 스스로의 것으로 가지게 되는 것이다. 이 책이 쓰고 또 쓰는 과정을 효율적으로 제공하여 적어도 호감을 줄 수 있는 단정한 글씨를 원하는 바람을 채워줄 수 있기를 기대한다.

한·글·명·품·손·글·씨·쓰·기

## 서체의 특징

본 서체는 모음에 비해 자음의 크기가 크고 모양이 명확하다는 특징이 있다.
서체의 획이 직선적이면서도 장식성은 배제되었으나,
곡선의 미를 강조하였기 때문에
전체적인 생김새가 둥글면서도 반듯한 각을 이루어
도도하지만 부드럽고 감성적 매력을 발산하는 귀여움을 간직한 서체이다.

# CONTENTS

**1**부
**서체의 특징을 익히며 기본에 충실하기** · 10
자음 쓰기 | 모음 쓰기 | 겹받침 쓰기

**2**부
**서체의 균형과 조화에 익숙해지기** · 22
자음과 모음, 받침이 어우러진 글자쓰기
순우리말 단어쓰기

**3**부
**실제 활용을 위해 연습하기** · 76
원고지 문장쓰기 | 줄 노트 문장쓰기 | 다이어리 꾸미기

1부는 자음쓰기, 모음쓰기, 겹받침쓰기로 구성되어 있다.
자음을 쓸 때에는 각각 쓰는 위치, 모양, 기울기에 유의해야 한다. 본 서체는 모음에 비해 자음이 더 크다는 특징이 있으므로 자음의 모양에 주목한다면 예쁜 서체를 만드는데 도움이 될 수 있다.
모음은 가로획과 세로획이 모두 휘어지는 것이 특징인데 전체적인 글자 모양이 둥글다는 점에 유의하여야 한다.
겹받침은 두 자음을 같은 크기로 나란히 쓰면서 전체적인 균형이 유지되도록 연습하면 된다.

# 1

## 서체의 특징을 익히며 기본에 충실하기

## ◆ 1. 자음 쓰기

| 가 | ㄱ | 연속하여 쓰되 ○부분을 살짝 위로 들어 부드럽게 내려쓴다. |
| 나 | ㄴ | ○부분에 주의하여 기울어진 각도를 잘 지키며 쓴다. |
| 다 | ㄷ | ○부분을 안으로 약간 당겨 쓴 듯 하면서 끝부분 획을 살짝 들어 쓴다. |
| 라 | ㄹ | 머리부분을 살짝 위로 들고 꼬리부분을 길게 뺀다. |
| 마 | ㅁ | 연속하여 한번에 쓰되 아랫부분을 넓게 쓴다. |
| 바 | ㅂ | 미음을 쓰는 마음으로 쓴다. |
| 사 | ㅅ | ①획과 ②획을 힘있게 내려쓰되 ②획은 ①획의 중앙 윗부분부터 내려쓴다. |
| 아 | ㅇ | 커다란 타원을 그리되 상하로 길게, 오른쪽으로 누운 듯한 느낌으로 쓴다. |
| 자 | ㅈ | ①획을 옆으로 살짝 내려긋고 ②획은 ①획의 1/4지점에서 내려쓴다. |
| 차 | ㅊ | 지읒과 같은 마음으로 쓰되 삐침에 주의하여 쓴다. |
| 카 | ㅋ | ㄱ과 ㅡ를 붙여 쓰되 ㅡ를 길게 쓰지 않는다. |
| 타 | ㅌ | ㄷ과 ㅡ를 붙여 쓰되 ㄷ의 안쪽에서 마무리하며 짧게 쓴다. |
| 파 | ㅍ | ○부분을 위로 살짝 들어주고 ①, ②획은 안쪽으로 모아서 나란히 내려쓴다. |
| 하 | ㅎ | ③획의 ㅇ을 ②획에 붙여 쓴다. |

ㄱ ㄴ ㄷ ㄹ ㅁ ㅂ ㅅ ㅇ ㅈ ㅊ ㅋ ㅌ ㅍ ㅎ

| | |  | | | | | | |
|---|---|---|---|---|---|---|---|---|
| 고 | ㄱ | 가의 ㄱ을 쓰는 마음으로 쓰되 ①획을 약간 길게, 모양은 납작하게 쓴다. | ㄱ | ㄱ | ㄱ | ㄱ | ㄱ | ㄱ |
| 노 | ㄴ | 한번에 쓰되 ○부분을 길고 부드럽게 빼어 쓴다. | ㄴ | ㄴ | ㄴ | ㄴ | ㄴ | ㄴ |
| 도 | ㄷ | 2획으로 나누어 쓰되 ○부분의 모양에 주의하며 쓴다. | ㄷ | ㄷ | ㄷ | ㄷ | ㄷ | ㄷ |
| 로 | ㄹ | ○부분의 간격을 같게 하여 쓰되 머리 부분을 살짝 들어 쓴다. | ㄹ | ㄹ | ㄹ | ㄹ | ㄹ | ㄹ |
| 모 | ㅁ | 한번에 쓰되 미음의 윗부분보다 아랫부분을 넓게 쓴다. | ㅁ | ㅁ | ㅁ | ㅁ | ㅁ | ㅁ |
| 보 | ㅂ | 모의 ㅁ을 쓰는 마음으로 쓰되 ○부분의 모양에 주의하여 쓴다. | ㅂ | ㅂ | ㅂ | ㅂ | ㅂ | ㅂ |
| 소 | ㅅ | 사의 ㅅ보다 가로로 넓게 ②획을 길게 빼어 쓴다. | ㅅ | ㅅ | ㅅ | ㅅ | ㅅ | ㅅ |
| 오 | ㅇ | 커다란 원을 시원하게 한번에 쓰되 가로로 약간 넓은 마음으로 쓴다. | ㅇ | ㅇ | ㅇ | ㅇ | ㅇ | ㅇ |
| 죠 | ㅈ | 자의 ㅈ보다 ②획은 짧게, ①획과 ③획은 가로로 길게 쓴다. | ㅈ | ㅈ | ㅈ | ㅈ | ㅈ | ㅈ |
| 쵸 | ㅊ | 조의 ㅈ을 쓰는 마음으로 쓰되 삐침의 모양에 주의하여 쓴다. | ㅊ | ㅊ | ㅊ | ㅊ | ㅊ | ㅊ |
| 코 | ㅋ | 카의 ㅋ보다 가로로 넓게, 세로로 짧게 쓴다. | ㅋ | ㅋ | ㅋ | ㅋ | ㅋ | ㅋ |
| 토 | ㅌ | ㄷ과 ㅡ를 붙여 쓰면서 가로의 획 ①,②,③획을 나란히 간격과 길이를 같게 쓴다. | ㅌ | ㅌ | ㅌ | ㅌ | ㅌ | ㅌ |
| 포 | ㅍ | ○부분은 살짝 위로 들어 쓰고 ②,③획은 안으로 모아서 나란히 내려쓴다. | ㅍ | ㅍ | ㅍ | ㅍ | ㅍ | ㅍ |
| 호 | ㅎ | ①획의 삐침을 가로로 길게 쓰고 ③획의 ㅇ을 가로로 넓게 쓰면서 ②획에 붙여 쓴다. | ㅎ | ㅎ | ㅎ | ㅎ | ㅎ | ㅎ |

ㄱ ㄴ ㄷ ㄹ ㅁ ㅂ ㅅ ㅇ ㅈ ㅊ ㅋ ㅌ ㅍ ㅎ

## ◆ 2. 모음 쓰기

|  |  |  |
|---|---|---|
| 아 | ㅏ | ①획의 가운데 부분에 ②획을 붙여 쓴다. |
| 야 | ㅑ | ①획을 3등분하여 ②획과 ③획의 길이를 같게 쓴다. |
| 어 | ㅓ | ①획을 자음에 닿도록 쓴다. |
| 여 | ㅕ | ①획과 ②획의 길이가 같게, ③획을 3등분한 지점에 나란히 쓴다. |
| 오 | ㅗ | ①획을 ②획의 중앙에 오도록 세로로 짧게 쓴다. |
| 요 | ㅛ | ①,②획을 ③획을 3등분한 지점에 세로로 나란히 내려쓴다. |
| 우 | ㅜ | ①획의 중앙에서 ②획을 짧게 내려쓴다. |
| 유 | ㅠ | ①획을 부드럽게 쓰고 3등분한 지점에서 ②획과 ③획을 길이를 같게 내려쓴다. |
| 으 | ㅡ | 수평으로 부드럽게 자음보다 너무 길지 않게 쓴다. |
| 이 | ㅣ | 수직으로 부드럽게 자음보다 길지 않게 쓴다. |
| 애 | ㅐ | 세로획의 길이를 같게 내려 쓰되 가로획은 중앙보다 약간 윗부분에 붙여 쓴다. |
| 얘 | ㅒ | ㅐ와 같음 마음으로 쓰면서 가로획의 간격을 같게 쓴다. |
| 에 | ㅔ | ㅓ와 같게 쓰되 가로획은 좀더 짧게 쓴다. |
| 예 | ㅖ | ㅕ와 같은 마음으로 쓰되, 세로획을 같은 길이로 내려쓴다. |

| 아 |
| 야 |
| 어 |
| 여 |
| 오 |
| 요 |
| 우 |
| 유 |
| 으 |
| 이 |
| 애 |
| 얘 |
| 에 |
| 예 |

| 와 | 나 | ㅗ와 ㅏ를 붙여 쓰지 않으면서 같은 느낌으로 쓴다. |
| --- | --- | --- |
| 왜 | ㅐ | 획수가 많아서 모음의 크기가 작아지므로 ㅗ의 크기를 자음과 어울리게 작게 쓴다. |
| 외 | ㅚ | ㅏ와 같은 느낌으로 힘 있으나 부드럽게 쓴다. |
| 워 | ㅓ | ㅜ와 ㅓ를 붙지 않도록 쓰되 모음의 각 획의 위치에 주의하여 쓴다. |
| 웨 | ㅔ | ㅓ와 같은 느낌으로 쓴다. |
| 위 | ㅟ | 모음이 서로 닿지 않으나 세로획을 힘있고 부드럽게 쓴다. |

**연습공간입니다.**

와
왜
위
원
웨
유

## ◆ 3. 겹받침 쓰기

| 밖 | ㄲ | 두 개의 자음 받침 ㄱ을 겹치듯 붙지 않게 윗부분의 낱말보다 작게 쓴다. |
| 넋 | ㄳ | ㄱ과 ㅅ을 각각 쓰는 요령에 따라 같은 크기로 나란히 쓴다. |
| 앉 | ㄵ | 받침 ㄴ은 자음 ㄴ처럼 휘어짐이 없이 반듯하게 쓴다. |
| 않 | ㄶ | ㄴ과 ㅎ이 서로 살짝 붙은 듯한 느낌으로 ㄴ의 모양에 주의해 쓴다. |
| 흙 | ㄺ | ㄹ과 ㄱ을 각각 쓰는 요령에 따라 받침의 2등분 지점에 각각 나란히 쓴다. |
| 앎 | ㄻ | 받침 ㅁ은 자음 ㅁ처럼 아랫부분을 넓지 않게 모아서 ㄹ과 나란히 쓴다. |
| 짧 | ㄼ | 받침 ㅂ은 자음 ㅂ의 아랫부분처럼 넓지 않게 모아서 ㄹ과 나란히 쓴다. |
| 곬 | ㄽ | ㄹ과 ㅅ을 각각 쓰는 요령에 따라 나란히 쓴다. |
| 핥 | ㄾ | ㄹ과 ㅌ을 쓰는 요령에 따라 받침의 위치에 나란히 쓴다. |
| 읊 | ㄿ | ㄹ과 ㅍ을 쓰는 요령에 따라 같은 크기로 나란히 쓴다. |
| 잃 | ㅀ | ㄹ과 ㅎ을 쓰는 요령에 따라 서로 붙은 듯 어울리게 쓴다. |
| 값 | ㅄ | 받침 ㅂ은 자음 ㅂ처럼 아랫부분을 넓지 않게 모아서 ㅅ과 나란히 쓴다. |
| 있 | ㅆ | 두 개의 자음 받침 ㅅ을 겹치듯 붙은 느낌으로 나란히 쓴다. |

밖
넋
앉
않
훑
앎
짧
곬
핥
읊
잃
값
없

2부는 자음과 모음, 받침이 어우러진 글자쓰기와 순우리말 단어쓰기로 구성되어 있다.

각각의 자음과 모음을 정확하게 쓰는 것에서 시작하여 받침이 있는 글자를 쓰는 연습이 이루어지도록 구성하였다.

글자를 쓸 때에는 글자의 모양과 특성을 생각해야 한다. 자음은 모음과 결합하는 위치에 따라 크기나 기울기가 달라진다는 점에 유의해서 써야 한다. 연습 칸의 보조선을 적극 활용하여 쓸 것을 권장한다.

단어쓰기는 개별 낱자를 쓴 후에 연습하게 되는 과정이다. 각각의 칸에 글자를 쓰도록 하였으므로 글자의 간격은 생각하지 않아도 된다. 아름다운 순우리말을 바로 알고 사용할 수 있도록 뜻을 첨부하였으므로 적극 사용할 것을 권장한다.

# 2

## 서체의 **균형**과 **조화**에 익숙해지기

◆ 1. 자음+모음+받침이 어우러진 글자 쓰기

| 가 | 가 | 가 | 가 | 가 | 가 | | | | | |
| 각 | 각 | 각 | 각 | 각 | 각 | | | | | |
| 간 | 간 | 간 | 간 | 간 | 간 | | | | | |
| 갈 | 갈 | 갈 | 갈 | 갈 | 갈 | | | | | |
| 감 | 감 | 감 | 감 | 감 | 감 | | | | | |
| 갑 | 갑 | 갑 | 갑 | 갑 | 갑 | | | | | |
| 갓 | 갓 | 갓 | 갓 | 갓 | 갓 | | | | | |
| 강 | 강 | 강 | 강 | 강 | 강 | | | | | |
| 같 | 같 | 같 | 같 | 같 | 같 | | | | | |
| 갚 | 갚 | 갚 | 갚 | 갚 | 갚 | | | | | |
| 갛 | 갛 | 갛 | 갛 | 갛 | 갛 | | | | | |
| 갶 | 갶 | 갶 | 갶 | 갶 | 갶 | | | | | |
| 거 | 거 | 거 | 거 | 거 | 거 | | | | | |
| 걱 | 걱 | 걱 | 걱 | 걱 | 걱 | | | | | |

| 건 | 건 | 건 | 건 | 건 | 건 | | | | | |
| 걷 | 걷 | 걷 | 걷 | 걷 | 걷 | | | | | |
| 걸 | 걸 | 걸 | 걸 | 걸 | 걸 | | | | | |
| 검 | 검 | 검 | 검 | 검 | 검 | | | | | |
| 겁 | 겁 | 겁 | 겁 | 겁 | 겁 | | | | | |
| 것 | 것 | 것 | 것 | 것 | 것 | | | | | |
| 겉 | 겉 | 겉 | 겉 | 겉 | 겉 | | | | | |
| 겨 | 겨 | 겨 | 겨 | 겨 | 겨 | | | | | |
| 격 | 격 | 격 | 격 | 격 | 격 | | | | | |
| 견 | 견 | 견 | 견 | 견 | 견 | | | | | |
| 결 | 결 | 결 | 결 | 결 | 결 | | | | | |
| 겸 | 겸 | 겸 | 겸 | 겸 | 겸 | | | | | |
| 겹 | 겹 | 겹 | 겹 | 겹 | 겹 | | | | | |
| 경 | 경 | 경 | 경 | 경 | 경 | | | | | |

| 곁 | | | | | |
|---|---|---|---|---|---|
| 고 | | | | | |
| 곡 | | | | | |
| 곤 | | | | | |
| 곧 | | | | | |
| 골 | | | | | |
| 곰 | | | | | |
| 곱 | | | | | |
| 곳 | | | | | |
| 공 | | | | | |
| 과 | | | | | |
| 교 | | | | | |
| 구 | | | | | |
| 국 | | | | | |

군
굴
굽
굿
궁
규
균
귤
그
극
근
글
금
급

| 굿 | 굿 | 굿 | 굿 | 굿 | 굿 | | | | | |
| 궁 | 궁 | 궁 | 궁 | 궁 | 궁 | | | | | |
| 기 | 기 | 기 | 기 | 기 | 기 | | | | | |
| 긴 | 긴 | 긴 | 긴 | 긴 | 긴 | | | | | |
| 긷 | 긷 | 긷 | 긷 | 긷 | 긷 | | | | | |
| 길 | 길 | 길 | 길 | 길 | 길 | | | | | |
| 김 | 김 | 김 | 김 | 김 | 김 | | | | | |
| 깊 | 깊 | 깊 | 깊 | 깊 | 깊 | | | | | |
| 까 | 까 | 까 | 까 | 까 | 까 | | | | | |
| 깍 | 깍 | 깍 | 깍 | 깍 | 깍 | | | | | |
| 깐 | 깐 | 깐 | 깐 | 깐 | 깐 | | | | | |
| 깔 | 깔 | 깔 | 깔 | 깔 | 깔 | | | | | |
| 깜 | 깜 | 깜 | 깜 | 깜 | 깜 | | | | | |
| 깡 | 깡 | 깡 | 깡 | 깡 | 깡 | | | | | |

| 깨 | | | | | | | | | | | |
| 꺽 | | | | | | | | | | | |
| 껄 | | | | | | | | | | | |
| 껌 | | | | | | | | | | | |
| 께 | | | | | | | | | | | |
| 껴 | | | | | | | | | | | |
| 꽃 | | | | | | | | | | | |
| 꾼 | | | | | | | | | | | |
| 꿀 | | | | | | | | | | | |
| 꿈 | | | | | | | | | | | |
| 꿍 | | | | | | | | | | | |
| 끈 | | | | | | | | | | | |
| 끼 | | | | | | | | | | | |
| 낌 | | | | | | | | | | | |

| 나 | | | | | |
|---|---|---|---|---|---|
| 낙 | | | | | |
| 난 | | | | | |
| 날 | | | | | |
| 남 | | | | | |
| 납 | | | | | |
| 낫 | | | | | |
| 낭 | | | | | |
| 낮 | | | | | |
| 낱 | | | | | |
| 낳 | | | | | |
| 내 | | | | | |
| 냠 | | | | | |
| 냥 | | | | | |

| 너 | | | | | | | | | | |
|---|---|---|---|---|---|---|---|---|---|---|
| 넉 | | | | | | | | | | |
| 년 | | | | | | | | | | |
| 널 | | | | | | | | | | |
| 넘 | | | | | | | | | | |
| 넙 | | | | | | | | | | |
| 넝 | | | | | | | | | | |
| 넣 | | | | | | | | | | |
| 네 | | | | | | | | | | |
| 녀 | | | | | | | | | | |
| 녁 | | | | | | | | | | |
| 년 | | | | | | | | | | |
| 념 | | | | | | | | | | |
| 녕 | | | | | | | | | | |

| 다 | 다 | 다 | 다 | 다 | 다 | | | | | |
| 닥 | 닥 | 닥 | 닥 | 닥 | 닥 | | | | | |
| 단 | 단 | 단 | 단 | 단 | 단 | | | | | |
| 닫 | 닫 | 닫 | 닫 | 닫 | 닫 | | | | | |
| 달 | 달 | 달 | 달 | 달 | 달 | | | | | |
| 담 | 담 | 담 | 담 | 담 | 담 | | | | | |
| 답 | 답 | 답 | 답 | 답 | 답 | | | | | |
| 당 | 당 | 당 | 당 | 당 | 당 | | | | | |
| 닿 | 닿 | 닿 | 닿 | 닿 | 닿 | | | | | |
| 뎌 | 뎌 | 뎌 | 뎌 | 뎌 | 뎌 | | | | | |
| 뎍 | 뎍 | 뎍 | 뎍 | 뎍 | 뎍 | | | | | |
| 뎐 | 뎐 | 뎐 | 뎐 | 뎐 | 뎐 | | | | | |
| 뎔 | 뎔 | 뎔 | 뎔 | 뎔 | 뎔 | | | | | |
| 뎜 | 뎜 | 뎜 | 뎜 | 뎜 | 뎜 | | | | | |

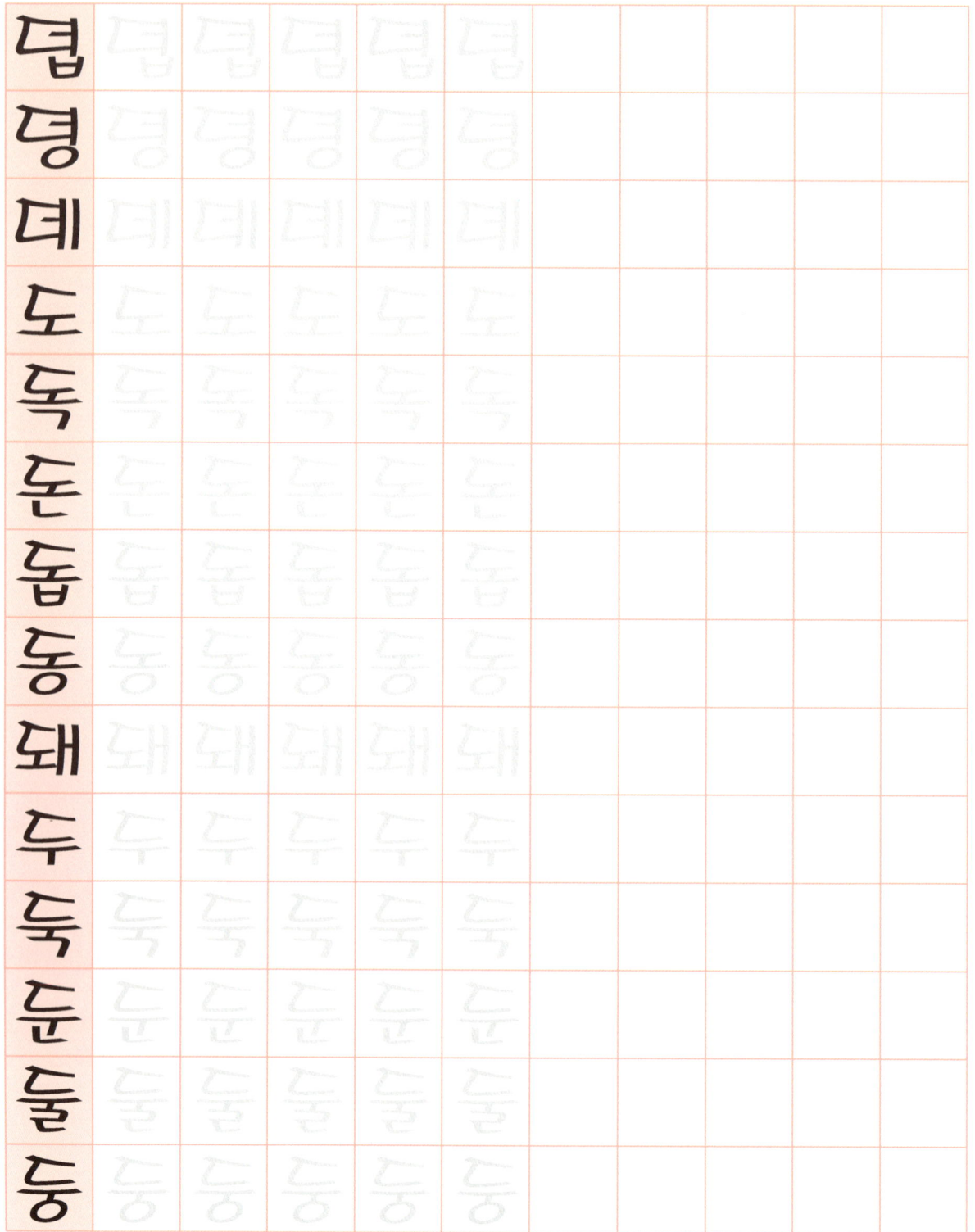

| 득 | | | | | |
|---|---|---|---|---|---|
| 든 | | | | | |
| 들 | | | | | |
| 듯 | | | | | |
| 등 | | | | | |
| 딛 | | | | | |
| 땀 | | | | | |
| 때 | | | | | |
| 떤 | | | | | |
| 떳 | | | | | |
| 똥 | | | | | |
| 뚝 | | | | | |
| 뛰 | | | | | |
| 뜻 | | | | | |

| 라 | 라 | 라 | 라 | 라 | 라 | | | | | |
| 락 | 락 | 락 | 락 | 락 | 락 | | | | | |
| 란 | 란 | 란 | 란 | 란 | 란 | | | | | |
| 람 | 람 | 람 | 람 | 람 | 람 | | | | | |
| 랑 | 랑 | 랑 | 랑 | 랑 | 랑 | | | | | |
| 랗 | 랗 | 랗 | 랗 | 랗 | 랗 | | | | | |
| 래 | 래 | 래 | 래 | 래 | 래 | | | | | |
| 럭 | 럭 | 럭 | 럭 | 럭 | 럭 | | | | | |
| 런 | 런 | 런 | 런 | 런 | 런 | | | | | |
| 럼 | 럼 | 럼 | 럼 | 럼 | 럼 | | | | | |
| 럿 | 럿 | 럿 | 럿 | 럿 | 럿 | | | | | |
| 력 | 력 | 력 | 력 | 력 | 력 | | | | | |
| 렵 | 렵 | 렵 | 렵 | 렵 | 렵 | | | | | |
| 령 | 령 | 령 | 령 | 령 | 령 | | | | | |

| 례 | 례 | 례 | 례 | 례 | 례 | | | | |
| --- | --- | --- | --- | --- | --- | --- | --- | --- | --- |
| 록 | 록 | 록 | 록 | 록 | 록 | | | | |
| 론 | 론 | 론 | 론 | 론 | 론 | | | | |
| 롱 | 롱 | 롱 | 롱 | 롱 | 롱 | | | | |
| 룩 | 룩 | 룩 | 룩 | 룩 | 룩 | | | | |
| 륜 | 륜 | 륜 | 륜 | 륜 | 륜 | | | | |
| 률 | 률 | 률 | 률 | 률 | 률 | | | | |
| 른 | 른 | 른 | 른 | 른 | 른 | | | | |
| 를 | 를 | 를 | 를 | 를 | 를 | | | | |
| 름 | 름 | 름 | 름 | 름 | 름 | | | | |
| 린 | 린 | 린 | 린 | 린 | 린 | | | | |
| 림 | 림 | 림 | 림 | 림 | 림 | | | | |
| 립 | 립 | 립 | 립 | 립 | 립 | | | | |
| 링 | 링 | 링 | 링 | 링 | 링 | | | | |

| 마 | 마 | 마 | 마 | 마 | 마 | | | | |
| --- | --- | --- | --- | --- | --- | --- | --- | --- | --- |
| 막 | 막 | 막 | 막 | 막 | 막 | | | | |
| 맏 | 맏 | 맏 | 맏 | 맏 | 맏 | | | | |
| 맘 | 맘 | 맘 | 맘 | 맘 | 맘 | | | | |
| 맛 | 맛 | 맛 | 맛 | 맛 | 맛 | | | | |
| 맞 | 맞 | 맞 | 맞 | 맞 | 맞 | | | | |
| 맡 | 맡 | 맡 | 맡 | 맡 | 맡 | | | | |
| 먹 | 먹 | 먹 | 먹 | 먹 | 먹 | | | | |
| 먼 | 먼 | 먼 | 먼 | 먼 | 먼 | | | | |
| 멀 | 멀 | 멀 | 멀 | 멀 | 멀 | | | | |
| 멋 | 멋 | 멋 | 멋 | 멋 | 멋 | | | | |
| 면 | 면 | 면 | 면 | 면 | 면 | | | | |
| 멸 | 멸 | 멸 | 멸 | 멸 | 멸 | | | | |
| 명 | 명 | 명 | 명 | 명 | 명 | | | | |

| 몇 | | | | | | | | | | |
|---|---|---|---|---|---|---|---|---|---|---|
| 목 | | | | | | | | | | |
| 몬 | | | | | | | | | | |
| 몰 | | | | | | | | | | |
| 몸 | | | | | | | | | | |
| 몹 | | | | | | | | | | |
| 못 | | | | | | | | | | |
| 묘 | | | | | | | | | | |
| 묵 | | | | | | | | | | |
| 문 | | | | | | | | | | |
| 물 | | | | | | | | | | |
| 뭄 | | | | | | | | | | |
| 민 | | | | | | | | | | |
| 밉 | | | | | | | | | | |

| 바 | 바 | 바 | 바 | 바 | 바 | | | | | |
| 박 | 박 | 박 | 박 | 박 | 박 | | | | | |
| 반 | 반 | 반 | 반 | 반 | 반 | | | | | |
| 받 | 받 | 받 | 받 | 받 | 받 | | | | | |
| 발 | 발 | 발 | 발 | 발 | 발 | | | | | |
| 밤 | 밤 | 밤 | 밤 | 밤 | 밤 | | | | | |
| 밥 | 밥 | 밥 | 밥 | 밥 | 밥 | | | | | |
| 방 | 방 | 방 | 방 | 방 | 방 | | | | | |
| 밭 | 밭 | 밭 | 밭 | 밭 | 밭 | | | | | |
| 벅 | 벅 | 벅 | 벅 | 벅 | 벅 | | | | | |
| 번 | 번 | 번 | 번 | 번 | 번 | | | | | |
| 벋 | 벋 | 벋 | 벋 | 벋 | 벋 | | | | | |
| 벌 | 벌 | 벌 | 벌 | 벌 | 벌 | | | | | |
| 벙 | 벙 | 벙 | 벙 | 벙 | 벙 | | | | | |

| 빛 | 빛 | 빛 | 빛 | 빛 | 빛 | | | | | |
| 변 | 변 | 변 | 변 | 변 | 변 | | | | | |
| 별 | 별 | 별 | 별 | 별 | 별 | | | | | |
| 병 | 병 | 병 | 병 | 병 | 병 | | | | | |
| 보 | 보 | 보 | 보 | 보 | 보 | | | | | |
| 복 | 복 | 복 | 복 | 복 | 복 | | | | | |
| 본 | 본 | 본 | 본 | 본 | 본 | | | | | |
| 봄 | 봄 | 봄 | 봄 | 봄 | 봄 | | | | | |
| 봉 | 봉 | 봉 | 봉 | 봉 | 봉 | | | | | |
| 봐 | 봐 | 봐 | 봐 | 봐 | 봐 | | | | | |
| 부 | 부 | 부 | 부 | 부 | 부 | | | | | |
| 북 | 북 | 북 | 북 | 북 | 북 | | | | | |
| 분 | 분 | 분 | 분 | 분 | 분 | | | | | |
| 불 | 불 | 불 | 불 | 불 | 불 | | | | | |

| 붓 | 붓 | 붓 | 붓 | 붓 | 붓 | | | | |
| 비 | 비 | 비 | 비 | 비 | 비 | | | | |
| 빈 | 빈 | 빈 | 빈 | 빈 | 빈 | | | | |
| 빌 | 빌 | 빌 | 빌 | 빌 | 빌 | | | | |
| 빗 | 빗 | 빗 | 빗 | 빗 | 빗 | | | | |
| 빙 | 빙 | 빙 | 빙 | 빙 | 빙 | | | | |
| 빛 | 빛 | 빛 | 빛 | 빛 | 빛 | | | | |
| 빤 | 빤 | 빤 | 빤 | 빤 | 빤 | | | | |
| 빨 | 빨 | 빨 | 빨 | 빨 | 빨 | | | | |
| 빵 | 빵 | 빵 | 빵 | 빵 | 빵 | | | | |
| 빻 | 빻 | 빻 | 빻 | 빻 | 빻 | | | | |
| 뻔 | 뻔 | 뻔 | 뻔 | 뻔 | 뻔 | | | | |
| 뽐 | 뽐 | 뽐 | 뽐 | 뽐 | 뽐 | | | | |
| 뿐 | 뿐 | 뿐 | 뿐 | 뿐 | 뿐 | | | | |

| 사 | | | | | |
|---|---|---|---|---|---|
| 삭 | | | | | |
| 산 | | | | | |
| 살 | | | | | |
| 삼 | | | | | |
| 삿 | | | | | |
| 상 | | | | | |
| 색 | | | | | |
| 선 | | | | | |
| 섬 | | | | | |
| 섭 | | | | | |
| 세 | | | | | |
| 속 | | | | | |
| 손 | | | | | |

| 놀 | 놀 | 놀 | 놀 | 놀 | 놀 | | | | | |
| 놈 | 놈 | 놈 | 놈 | 놈 | 놈 | | | | | |
| 놋 | 놋 | 놋 | 놋 | 놋 | 놋 | | | | | |
| 농 | 농 | 농 | 농 | 농 | 농 | | | | | |
| 뇌 | 뇌 | 뇌 | 뇌 | 뇌 | 뇌 | | | | | |
| 눅 | 눅 | 눅 | 눅 | 눅 | 눅 | | | | | |
| 눈 | 눈 | 눈 | 눈 | 눈 | 눈 | | | | | |
| 눔 | 눔 | 눔 | 눔 | 눔 | 눔 | | | | | |
| 늣 | 늣 | 늣 | 늣 | 늣 | 늣 | | | | | |
| 능 | 능 | 능 | 능 | 능 | 능 | | | | | |
| 늦 | 늦 | 늦 | 늦 | 늦 | 늦 | | | | | |
| 늪 | 늪 | 늪 | 늪 | 늪 | 늪 | | | | | |
| 님 | 님 | 님 | 님 | 님 | 님 | | | | | |
| 늘 | 늘 | 늘 | 늘 | 늘 | 늘 | | | | | |

| 늡 | 늡 | 늡 | 늡 | 늡 | 늡 | | | | | |
|---|---|---|---|---|---|---|---|---|---|---|
| 슝 | 슝 | 슝 | 슝 | 슝 | 슝 | | | | | |
| 식 | 식 | 식 | 식 | 식 | 식 | | | | | |
| 신 | 신 | 신 | 신 | 신 | 신 | | | | | |
| 싣 | 싣 | 싣 | 싣 | 싣 | 싣 | | | | | |
| 심 | 심 | 심 | 심 | 심 | 심 | | | | | |
| 십 | 십 | 십 | 십 | 십 | 십 | | | | | |
| 싹 | 싹 | 싹 | 싹 | 싹 | 싹 | | | | | |
| 쌈 | 쌈 | 쌈 | 쌈 | 쌈 | 쌈 | | | | | |
| 쌍 | 쌍 | 쌍 | 쌍 | 쌍 | 쌍 | | | | | |
| 썰 | 썰 | 썰 | 썰 | 썰 | 썰 | | | | | |
| 쏜 | 쏜 | 쏜 | 쏜 | 쏜 | 쏜 | | | | | |
| 쑥 | 쑥 | 쑥 | 쑥 | 쑥 | 쑥 | | | | | |
| 씩 | 씩 | 씩 | 씩 | 씩 | 씩 | | | | | |

아
악
안
알
암
압
앗
앙
앞
약
얼
엇
에
열

| 염 | 염 | 염 | 염 | 염 | 염 | | | | | |
| 연 | 엿 | 엿 | 엿 | 엿 | 엿 | | | | | |
| 영 | 영 | 영 | 영 | 영 | 영 | | | | | |
| 옛 | 옛 | 옛 | 옛 | 옛 | 옛 | | | | | |
| 옥 | 옥 | 옥 | 옥 | 옥 | 옥 | | | | | |
| 올 | 올 | 올 | 올 | 올 | 올 | | | | | |
| 옵 | 옵 | 옵 | 옵 | 옵 | 옵 | | | | | |
| 왕 | 왕 | 왕 | 왕 | 왕 | 왕 | | | | | |
| 왼 | 왼 | 왼 | 왼 | 왼 | 왼 | | | | | |
| 욕 | 욕 | 욕 | 욕 | 욕 | 욕 | | | | | |
| 용 | 용 | 용 | 용 | 용 | 용 | | | | | |
| 운 | 운 | 운 | 운 | 운 | 운 | | | | | |
| 울 | 울 | 울 | 울 | 울 | 울 | | | | | |
| 움 | 움 | 움 | 움 | 움 | 움 | | | | | |

| 원 | 원 | 원 | 원 | 원 | 원 | | | | | |
| 웨 | 웨 | 웨 | 웨 | 웨 | 웨 | | | | | |
| 윗 | 윗 | 윗 | 윗 | 윗 | 윗 | | | | | |
| 육 | 육 | 육 | 육 | 육 | 육 | | | | | |
| 윤 | 윤 | 윤 | 윤 | 윤 | 윤 | | | | | |
| 은 | 은 | 은 | 은 | 은 | 은 | | | | | |
| 을 | 을 | 을 | 을 | 을 | 을 | | | | | |
| 응 | 응 | 응 | 응 | 응 | 응 | | | | | |
| 인 | 인 | 인 | 인 | 인 | 인 | | | | | |
| 일 | 일 | 일 | 일 | 일 | 일 | | | | | |
| 임 | 임 | 임 | 임 | 임 | 임 | | | | | |
| 입 | 입 | 입 | 입 | 입 | 입 | | | | | |
| 잇 | 잇 | 잇 | 잇 | 잇 | 잇 | | | | | |
| 잎 | 잎 | 잎 | 잎 | 잎 | 잎 | | | | | |

| 자 | | | | | | | | | | |
|---|---|---|---|---|---|---|---|---|---|---|
| 작 | | | | | | | | | | |
| 잔 | | | | | | | | | | |
| 잘 | | | | | | | | | | |
| 잠 | | | | | | | | | | |
| 잡 | | | | | | | | | | |
| 잣 | | | | | | | | | | |
| 장 | | | | | | | | | | |
| 재 | | | | | | | | | | |
| 적 | | | | | | | | | | |
| 전 | | | | | | | | | | |
| 절 | | | | | | | | | | |
| 점 | | | | | | | | | | |
| 접 | | | | | | | | | | |

| 젓 | | | | | |
|---|---|---|---|---|---|
| 정 | | | | | |
| 젖 | | | | | |
| 제 | | | | | |
| 톡 | | | | | |
| 톤 | | | | | |
| 톨 | | | | | |
| 톰 | | | | | |
| 통 | | | | | |
| 좌 | | | | | |
| 툭 | | | | | |
| 툰 | | | | | |
| 툴 | | | | | |
| 툼 | | | | | |

| 톱 | 톱 | 톱 | 톱 | 톱 | 톱 | | | | | |
| 툿 | 툿 | 툿 | 툿 | 툿 | 툿 | | | | | |
| 통 | 통 | 통 | 통 | 통 | 통 | | | | | |
| 튀 | 튀 | 튀 | 튀 | 튀 | 튀 | | | | | |
| 특 | 특 | 특 | 특 | 특 | 특 | | | | | |
| 틀 | 틀 | 틀 | 틀 | 틀 | 틀 | | | | | |
| 팁 | 팁 | 팁 | 팁 | 팁 | 팁 | | | | | |
| 집 | 집 | 집 | 집 | 집 | 집 | | | | | |
| 짖 | 짖 | 짖 | 짖 | 짖 | 짖 | | | | | |
| 짝 | 짝 | 짝 | 짝 | 짝 | 짝 | | | | | |
| 짱 | 짱 | 짱 | 짱 | 짱 | 짱 | | | | | |
| 쩩 | 쩩 | 쩩 | 쩩 | 쩩 | 쩩 | | | | | |
| 쩔 | 쩔 | 쩔 | 쩔 | 쩔 | 쩔 | | | | | |
| 쫌 | 쫌 | 쫌 | 쫌 | 쫌 | 쫌 | | | | | |

차
착
찬
찰
참
찻
창
찾
책
척
천
철
첨
첩

첫 첫 첫 첫 첫 첫
청 청 청 청 청 청
체 체 체 체 체 체
쳐 쳐 쳐 쳐 쳐 쳐
촉 촉 촉 촉 촉 촉
촌 촌 촌 촌 촌 촌
촘 촘 촘 촘 촘 촘
촛 촛 촛 촛 촛 촛
총 총 총 총 총 총
최 최 최 최 최 최
쇼 쇼 쇼 쇼 쇼 쇼
툭 툭 툭 툭 툭 툭
툰 툰 툰 툰 툰 툰
툴 툴 툴 툴 툴 툴

| 툼 |
| 퉁 |
| 퉤 |
| 튀 |
| 튜 |
| 특 |
| 틍 |
| 칙 |
| 친 |
| 칠 |
| 침 |
| 칩 |
| 칫 |
| 칭 |

| 카 | 카 | 카 | 카 | 카 | 카 | | | | |
| 칸 | 칸 | 칸 | 칸 | 칸 | 칸 | | | | |
| 칼 | 칼 | 칼 | 칼 | 칼 | 칼 | | | | |
| 캐 | 캐 | 캐 | 캐 | 캐 | 캐 | | | | |
| 컨 | 컨 | 컨 | 컨 | 컨 | 컨 | | | | |
| 컵 | 컵 | 컵 | 컵 | 컵 | 컵 | | | | |
| 견 | 견 | 견 | 견 | 견 | 견 | | | | |
| 콕 | 콕 | 콕 | 콕 | 콕 | 콕 | | | | |
| 콜 | 콜 | 콜 | 콜 | 콜 | 콜 | | | | |
| 콧 | 콧 | 콧 | 콧 | 콧 | 콧 | | | | |
| 쿡 | 쿡 | 쿡 | 쿡 | 쿡 | 쿡 | | | | |
| 큐 | 큐 | 큐 | 큐 | 큐 | 큐 | | | | |
| 큰 | 큰 | 큰 | 큰 | 큰 | 큰 | | | | |
| 킹 | 킹 | 킹 | 킹 | 킹 | 킹 | | | | |

타 타 타 타 타 타
탄 탄 탄 탄 탄 탄
탈 탈 탈 탈 탈 탈
탑 탑 탑 탑 탑 탑
탕 탕 탕 탕 탕 탕
택 택 택 택 택 택
텨 텨 텨 텨 텨 텨
텩 텩 텩 텩 텩 텩
텬 텬 텬 텬 텬 텬
텰 텰 텰 텰 텰 텰
텸 텸 텸 텸 텸 텸
텻 텻 텻 텻 텻 텻
톄 톄 톄 톄 톄 톄
도 도 도 도 도 도

| 톡 | 톡 | 톡 | 톡 | 톡 | 톡 | | | | | |
| 톤 | 톤 | 톤 | 톤 | 톤 | 톤 | | | | | |
| 톨 | 톨 | 톨 | 톨 | 톨 | 톨 | | | | | |
| 톱 | 톱 | 톱 | 톱 | 톱 | 톱 | | | | | |
| 톳 | 톳 | 톳 | 톳 | 톳 | 톳 | | | | | |
| 통 | 통 | 통 | 통 | 통 | 통 | | | | | |
| 툇 | 툇 | 툇 | 툇 | 툇 | 툇 | | | | | |
| 투 | 투 | 투 | 투 | 투 | 투 | | | | | |
| 툭 | 툭 | 툭 | 툭 | 툭 | 툭 | | | | | |
| 튀 | 튀 | 튀 | 튀 | 튀 | 튀 | | | | | |
| 튼 | 튼 | 튼 | 튼 | 튼 | 튼 | | | | | |
| 틀 | 틀 | 틀 | 틀 | 틀 | 틀 | | | | | |
| 틈 | 틈 | 틈 | 틈 | 틈 | 틈 | | | | | |
| 팀 | 팀 | 팀 | 팀 | 팀 | 팀 | | | | | |

| 파 | 파 | 파 | 파 | 파 | 파 | | | | | |
| 판 | 판 | 판 | 판 | 판 | 판 | | | | | |
| 팔 | 팔 | 팔 | 팔 | 팔 | 팔 | | | | | |
| 팜 | 팜 | 팜 | 팜 | 팜 | 팜 | | | | | |
| 팝 | 팝 | 팝 | 팝 | 팝 | 팝 | | | | | |
| 팡 | 팡 | 팡 | 팡 | 팡 | 팡 | | | | | |
| 팥 | 팥 | 팥 | 팥 | 팥 | 팥 | | | | | |
| 팻 | 팻 | 팻 | 팻 | 팻 | 팻 | | | | | |
| 떡 | 떡 | 떡 | 떡 | 떡 | 떡 | | | | | |
| 떨 | 떨 | 떨 | 떨 | 떨 | 떨 | | | | | |
| 떰 | 떰 | 떰 | 떰 | 떰 | 떰 | | | | | |
| 뗘 | 뗘 | 뗘 | 뗘 | 뗘 | 뗘 | | | | | |
| 뗜 | 뗜 | 뗜 | 뗜 | 뗜 | 뗜 | | | | | |
| 뗠 | 뗠 | 뗠 | 뗠 | 뗠 | 뗠 | | | | | |

| 명 | 명 | 명 | 명 | 명 | 명 | | | | | |
|---|---|---|---|---|---|---|---|---|---|---|
| 폐 | 폐 | 폐 | 폐 | 폐 | 폐 | | | | | |
| 포 | 포 | 포 | 포 | 포 | 포 | | | | | |
| 폰 | 폰 | 폰 | 폰 | 폰 | 폰 | | | | | |
| 폼 | 폼 | 폼 | 폼 | 폼 | 폼 | | | | | |
| 퐁 | 퐁 | 퐁 | 퐁 | 퐁 | 퐁 | | | | | |
| 표 | 표 | 표 | 표 | 표 | 표 | | | | | |
| 푼 | 푼 | 푼 | 푼 | 푼 | 푼 | | | | | |
| 풀 | 풀 | 풀 | 풀 | 풀 | 풀 | | | | | |
| 풋 | 풋 | 풋 | 풋 | 풋 | 풋 | | | | | |
| 풍 | 풍 | 풍 | 풍 | 풍 | 풍 | | | | | |
| 플 | 플 | 플 | 플 | 플 | 플 | | | | | |
| 피 | 피 | 피 | 피 | 피 | 피 | | | | | |
| 핍 | 핍 | 핍 | 핍 | 핍 | 핍 | | | | | |

하
학
한
할
함
합
항
핸
향
허
헌
헐
험
혁

| 혈 | | | | | | | | | | |
| 협 | | | | | | | | | | |
| 혜 | | | | | | | | | | |
| 호 | | | | | | | | | | |
| 혹 | | | | | | | | | | |
| 혼 | | | | | | | | | | |
| 홀 | | | | | | | | | | |
| 환 | | | | | | | | | | |
| 회 | | | | | | | | | | |
| 훈 | | | | | | | | | | |
| 훤 | | | | | | | | | | |
| 흥 | | | | | | | | | | |
| 흰 | | | | | | | | | | |
| 힘 | | | | | | | | | | |

### 2. 순우리말 단어쓰기

걀

말걀가리

ㄱ의 → 부분에 주의하며
ㄹ의 ○공간을 같게 쓴다.

달걀로 쌓은 가리로 쓸데없는 공상을 비유하는 말.

걸

걸음동무

ㄱ에 ㅓ를
자연스럽게 붙여 쓴다.

같은 길을 가는 친구.

곰

곰비임비

가의 ㄱ보다 넓적하고 짧게,
받침 ㅁ은 작은 듯하게 쓴다.

연거푸, 자꾸자꾸.

꽃

꽃눈개비

꼬와 받침 ㅊ이 나란히 중앙에
오도록 쓴다.

눈 같이 떨어지는 꽃잎.

날
백날마지
받침 ㄹ을 모음 ㅏ 밑에 쓰는 느낌으로 쓴다.
백 날 동안 기한을 정하고 드리는 기원.

녘
해거름녘
모음 ㅕ와 받침 ㅋ을 나란하게 쓴다.
해가 거의 넘어갈 무렵.

눈
눈검정이
누의 ㄴ과 받침 ㄴ의 모양이 다름에 주의해 쓴다.
눈이 유난히 검은 사람.

늘
놀개그늘
느와 받침 ㄹ이 부드러운 선으로 이어진 느낌으로 쓴다.
솔개만큼 아주 작게 지는 그늘.

| 달 | 달보드레 |
|---|---|

자음 ㄷ과 모음 ㅏ의 모양에 주의해 쓴다.

연하고 달콤하다.

| 뒷 | 뒷거둠새 |
|---|---|

두의 모음 ㅜ를 아래로 곧게 내려쓰고 ㅅ의 위치에 주의해 쓴다.

일의 뒤끝을 거두어 마무리는 일.

| 들 | 나들잇벌 |
|---|---|

드의 ㄷ보다 받침 ㄹ을 작게 쓴다.

나들이할 때만 입는 옷이나 신, 모자 따위를 이르는 말.

| 떡 | 떡무거리 |
|---|---|

ㄸ을 ①의 ㄷ에 붙여 ②를 쓰되 작은 듯하게 쓴다.

체에 쳐 내고 남은 거칠고 굵은 떡가루.

## 락
구름자락

○과 → 부분의 모양을 따라 특히 섬세하게 쓴다.

구름의 아래로 드리운 부분.

## 람
꼬두람이

라에 정성을 다하고 받침의 위치를 확인하며 쓴다.

맨 꼬리 또는 막내.

## 렁
둥시렁다

러와 가장 근접한 아랫부분에 받침 ㅎ을 쓴다.

좀 둥그스름하다.

## 레
멈둘레꽃

ㄹ과 ㅔ를 각각 2등분한 위치에 같은 크기로 쓴다.

민들레꽃.

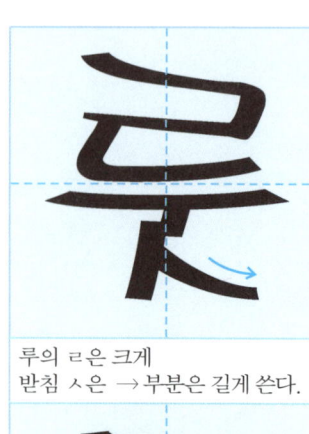

하룻머리

루의 ㄹ은 크게
받침 ㅅ은 → 부분은 길게 쓴다.

하루를 시작할 무렵.

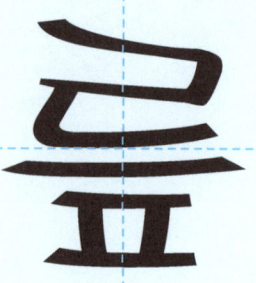

무릎제자

르의 ㄹ은 크게,
받침 ㅍ은 작게 쓴다.

무릎을 마주하고 가르친 제자.

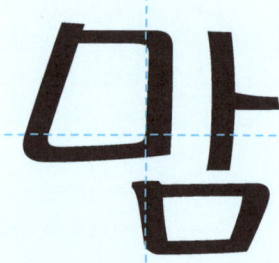

맘보자기

마의 ㅁ과 받침 ㅁ의 모양이
다른 것에 주의해 쓴다.

마음을 쓰는 바탕.

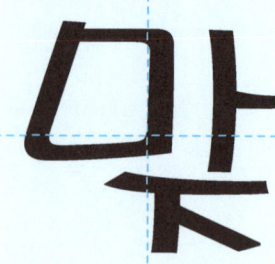

곰살맞다

받침 ㅈ의 위치와 모양에
주의해 쓴다.

성질이 부드럽고 친절한 데가 있다.

| 먼 | 먼산주름 |
|---|---|
| 받침 ㄴ을 모음 ㅓ 밑에 가볍고 작게 쓴다. | 주름을 잡은 듯이 보이는 먼 산들의 첩첩한 능선. |
| 밀 | 으밀아밀 |
| 받침 ㄹ을 4등분된 위치에 알맞게 쓴다. | 남이 모르게 비밀스레 이야기하는 모양. |
| 뱅 | 허뱅저뱅 |
| → 부분을 부드럽게 한획에 이어 쓴다. | 조급한 마음으로 정신없이 허둥지둥하는 모양. |
| 볕 | 볕바라기 |
| 받침 ㅌ은 타의 ㅌ의 모양과 다름을 확인하며 쓴다. | 양달에서 볕을 쬐는 일. |

| 옵 | 사랑옵다 |

받침 ㅂ의 쓰는 순서와 모양에 주의해 쓴다.

마음에 꼭 들도록 귀엽다.

| 악 | 왁실덕실 |

자음과 모음의 모양과 위치에 주의해 쓴다.

많은 사람이나 동물이 들끓어 변화가 많고 어지럽게 움직이는 모양.

| 울 | 너울가지 |

우와 받침 ㄹ을 붙여 쓴다.

남과 잘 사귀는 솜씨.

| 일 | 차일구름 |

4등분된 위치에 받침 ㄹ을 ㅣ모음 밑에 쓴다.

차일처럼 햇빛을 가리는 구름.

글품쟁이

①②③획의 모양과 특히 ②획에 주의해 쓴다.

글쓰는 일을 업으로 하는 사람.

피톡바람

①획과 ③획을 비스듬히, 그리고 길게 내려쓴다.

모낼 무렵 오랫동안 부는 아침 동풍과 저녁 북서풍.

모시진솔

받침 ㄴ을 기교 없이 가지런하고 작게 쓴다.

새로 지어서 한 번도 빨지 않은 모시옷.

쫄래동이

ㅈ 두 개를 나란히 거의 같은 크기로 붙여 쓴다.

경망스럽고 잔약한 어린 아이.

할 바람할미

ㅎ의 삐침과 전체적인 모양을 크게 쓰도록 한다.

음력 2월에 심통을 부려 꽃샘바람을 불게 한다고 하는 할머니.

해 해포이웃

ㅎ과 ㅐ를 2등분된 위치에 쓴다.

오랫동안 가까이 지내는 이웃.

황 황톳마루

받침 ㅇ을 전체 글씨 비율에 비교해 작게 쓴다.

황토가 덮인 언덕.

흥 흥뚱항뚱

흐가 받침 ㅇ보다 크게 쓴다.

일에 정신을 온전히 쏟지 않고 꾀를 부리며 들떠 있는 모양.

3부는 원고지 문장쓰기, 줄 노트 문장쓰기, 다이어리 꾸미기로 구성하였다. 원고지 문장쓰기에서는 앞부분에 올바른 원고지 사용법을 제시하였다. 보조선이 없으므로 앞에서 연습한 자음과 모음의 모양과 특성을 생각하며 칸의 중앙에 글자가 놓이도록 써야 한다.

줄 노트 문장쓰기 단계는 글자를 쓰는 마지막 완성단계라고 생각해도 좋다. 그동안 연습해온 글자들을 한 자 한 자 써나가면 된다. 글자와 글자는 정확하게 간격을 유지하며 쓰는 것이 호감을 준다. 특히 본 서체는 자음을 정확한 모양으로 써 두기만 한다면 글자를 쓰는 일이 그리 어렵지 않을 것이다.

줄이 없는 다이어리 꾸미기 부분은 자신의 서체를 마음껏 써보고 틀리는 연습공간으로 활용할 것을 권한다.

# 3

## 실제 **활용**을 위해 **연습**하기

### ◆ 원고지 사용법

한글을 바르고 예쁘게 쓰는 것은 자신의 만족뿐만 아니라 나아가 타인 앞에서 자신감을 갖기에 충분하다. 때문에 우리는 예쁜 글씨를 간직하고 싶은 마음에 오늘도 열심히 글자 연습에 몰입하는 것이다. 하지만 한글을 사용할 때 맞춤법과 띄어쓰기를 바르게 사용하는 것도 매우 중요하다.

요즘 대입시험에 논술이 중요시 되면서 각 대학에서 치르는 논술시험이 대부분 원고지에 작성해야 한다는 점을 간과할 수 없는 처지에 놓였다.

따라서 한글을 예쁘고 바르게 사용하기 위해 원고지에 쓰는 연습을 하는 과정에서 원고지를 사용하는 방법을 한번쯤 되짚고 넘어갈 필요성을 느끼기에 간단하고 명료하게 설명하고자 한다.

### ◆ 원고지 쓰기

원고지에는 한 칸에 한 자씩 쓰는 것을 원칙으로 하되, 다음의 몇 가지 사항을 유의하여야 한다.

① 한글이나 한자는 한 칸에 한 자씩 쓰고 띄어쓰기를 할 자리에는 빈 칸을 둔다.
② 구두점, 괄호 등의 부호도 한 칸을 차지하며 그 뒤에 띄어 써야 할 경우에는 빈 칸을 둔다.
다만 쉼표(,), 마침표(.), 쌍점(:), 쌍반점(;)등 비교적 간단한 구두점을 나타낼 경우에는 그 뒤의 띄어쓰기 빈칸을 구태여 두지 않아도 된다.
③ 아라비아 숫자와 알파벳 소문자는 한 칸에 2자씩 쓴다.
④ 단락이 시작되는 자리는 왼쪽 첫줄의 한 칸을 비워둔다.

⑤ 띄어 쓸 자리가 원고의 왼쪽 첫 칸에 해당할 경우에는 그 칸을 비우지 말아야 한다. 그 첫 칸을 비우면 단락의 들여쓰기와 혼동되기 때문이다.

⑥ 쉼표나 마침표 등의 부호가 원고지 왼쪽 첫 줄에 놓이지 않도록 한다. 이런 경우 오른쪽 마지막 칸에 쓰인 글자 옆에 표시한다.

〈예시 1〉

| | 인 | 기 | ( | 人 | 氣 | ) | ! | | 새 | 삼 | 스 | 럽 | 게 | | 그 | | 뜻 | 을 |
|---|---|---|---|---|---|---|---|---|---|---|---|---|---|---|---|---|---|---|
| 사 | 전 | 에 | 게 | | 물 | 어 | | 본 | 다 | . | | " | 세 | 상 | | 사 | 람 | 의 | | 좋 |
| 은 | | 평 | 판 | " | 이 | 라 | 고 | | 적 | 혀 | | 있 | 을 | | 뿐 | 이 | 다 | . | | 나 |
| 에 | 게 | | 사 | 전 | 을 | | 지 | 으 | 라 | 고 | | 맡 | 겼 | 더 | 라 | 면 | , | | " | 어 |
| 리 | 석 | 은 | | 사 | 람 | 을 | | 더 | 욱 | | 어 | 리 | 석 | 게 | | 만 | 드 | 는 |
| 허 | 무 | 한 | | 그 | 림 | 자 | " | 라 | 는 | | 풀 | 이 | 를 | | 한 | | 마 | 디 |
| 더 | | 보 | 탰 | 을 | | 것 | 을 | . |
| | 외 | 로 | 움 | 은 | | 인 | 생 | 의 | | 모 | 습 | 이 | 라 | 고 | | 생 | 각 | 한 | 다 | . ∨ |
| 더 | 욱 | 이 | | 21 | 세 | 기 | | 현 | 대 | 는 | | 고 | 독 | 이 | | 최 | 고 | 조 | 에 | ∨ |
| 달 | 한 | | 시 | 대 | 이 | 기 | 도 | | 하 | 다 | . | 그 | 렇 | 다 | 면 | · | · | · |

◆ 제목 표시 방법

글의 제목은 본문과 구별되어 드러나도록 나타내야 한다. 이럴 경우 원고지의 위와 아래 각각 한 칸씩을 띄고 중앙에 쓴다.

〈예시 2〉

〈예시 3〉

◆ 원고 고치는 법

 원고 고치는 법이란 원고를 쓰는 과정에서 틀린 글자, 잘못 쓰인 낱말 또는 틀린 맞춤법 등 일부 잘못된 점을 바로 잡아서 표시하는 것을 말한다.
 이런 일부 고치기는 잘못된 곳을 지우고 새로 표시하는 것인데, 일반적으로 통용되는 방식에 따라야 한다. 자기 마음대로 일관성 없이 고쳐 놓아서는 남이 알아보기 어렵기 때문이다.
 원고를 일부 고치는 데는 다음과 같은 부호를 사용하여 깔끔하게 정정하도록 한다.

〈원고 고치기의 부호〉

| 부호 | 뜻 |
|---|---|
| ╲___╱ | 지움(이 자리 윗 쪽에 고쳐 씀) |
| ∨ | 띄어 쓸 것(띄울 자리에 표시함) |
| ⩔ | 띄움 취소 |
| ⌒ | 붙일 것(위 쪽에 표시함) |
| ＞＜ | 한 줄을 비울 것 |
| ┌ | 줄을 바꿀 것 |
| ⤴ | 윗 줄에 이을 것 |
| ⌐ | 오른쪽으로 옮길 것 |
| ⌐ | 왼쪽으로 옮길 것 |

### 1. 원고지 문장쓰기

　　포기하지　않는　습관

프로　야구　세이브　라이온스

가　6연패를　했을　때　모리

감독은　친구로부텨　전화를　받

앉다.

"연패를 축하하네."

떨어질 수 있는 데까지 떨어지고 나면 나중에는 올라가

는 길밖에 없다는 의미의 격

려이다. 모리 감독은 대답했다.

"앞으로 두 번은 져 질수

있을 것 같네."

그의 말대로 세이브 라이온스는 8연패를 한 후에 파툭의 12연능을 이루어냈다.

실패는 성공의 문턱이라고

한다.

실패를 넘어서면 기다리고

있는 것이 성공이지만 서둘러

포기하거나 절망을 이기지 못

해 저력을 사장시키는 일을
경계해야 한다. 어떤 상황이든
포기라는 것은 결코 상처를
위한 치유책이 되지 못한다.

포기를 부추기는 것이 실패

할까 봐 염려하는 근심이다. 다

만 누구에게나 가능한 일이지

만 굳은 결심으로 실천하지

못해 성공과 실패를 의심하는

것이다. 그래서 포기를 먼저

배우게 되고 실패라는 답안지

만 껴안고 고통스러워한다. 근

심은 며 큰 마음의 짐만 낳

을 뿐이라는 것을 명심해야

한다. 근심거리를 가급적 피하

고 싹이 될 만한 것들은 미

리부려 제거하는 것이 좋다.

근심을 피한다는 것은 아주

분별력 있는 자신의 행동이다.

우리가 분별력 있는 행동을

한 후에는 반드시 그에 따른

보상이 이어진다. 결국 원하면

성공과 가까워진다.

자신이 어떤 에너지를 소유

하고 있든 무엇에 얽매여 있

든 매일매일 최선을 다하는

습관 이상의 저력은 없다.

모든 일이란 늘 최고의 상

황에서 할 수 있는 것은 아

니다. 때로는 최악의 상황에서

해야 하는 경우도 적지 않다.

그리고 돌이켜 생각해 보면

최악의 상황에서 한 일이 최고의 상황에서 한 일보다 결과가 나은 경우도 있다. 다행히 최고의 상황에서 할 수

있는 일은 여간해서 없다. 상

황이 안 좋아서 일을 하지

못한다는 것은 아마추어의 변

명에 지나지 않는다.

이제는 틀렸다고 생각하며

두 눈을 들고 싶은 위기가

때때로 찾아온다. 그러나 다

틀렸다고 생각되는 순간이야말

로 영광의 눈간인 것이다.

그 위기를 넘어 패기 있게

전진한다면 진정한 능자가 될

수 있기 때문이다.

인생에서 영광의 눈간을 만날 수 있는 기회는 그렇게 많지 않다. 인생의 능자가 되기 위해서 위기가 필요하다.

## 2. 줄 노트 문장쓰기

〈나누며 살아가는 아름다움〉 신문사 여기자는 현실의 고통을
극복하며 사는 사람들이라는 다큐멘터리를 제작하기 위해 가방을

### 나누며 살아가는 아름다움

나누며 살아가는 아름다움

### 신문사 여기자는 현실의 고통을 극복하며 사는

신문사 여기자는 현실의 고통을 극복하며 사는

### 사람들이라는 다큐멘터리를 제작하기 위해 가방을

사람들이라는 다큐멘터리를 제작하기 위해 가방을

행겼습니다. 그녀가 취재하기 위해 처음 찾아간 곳은 빈민촌이었는데 옹기종기 모여 있는 집들은 언제 쓰러질지 모를 정도로 허름하고 위태로워

# 행겼습니다. 그녀가 취재하기 위해 처음 찾아간 곳은

# 빈민촌이었는데 옹기종기 모여 있는 집들은 언제

# 쓰러질지 모를 정도로 허름하고 위태로워

 보였습니다. 그녀는 불이 환하게 켜져 있는 한 집으로 들어섰습니다. 마침 가족들이 모여 식사를 하고 있었는데 그녀는 양해를 구하고 방으로

## 보였습니다. 그녀는 불이 환하게 켜져 있는 한

## 집으로 들어섰습니다. 마침 가족들이 모여 식사를

## 하고 있었는데 그녀는 양해를 구하고 방으로

들어갔습니다. 그녀는 그들이 먹고 있는 국수가 아닌 국수를 담고 있는 심하게 찌그러진 양은그릇과 곳곳에 때가 남아있는 더럽고 비위생적인 환경에

## 들어갔습니다. 그녀는 그들이 먹고 있는 국수가 아닌

## 국수를 담고 있는 심하게 찌그러진 양은그릇과

## 곳곳에 때가 남아있는 더럽고 비위생적인 환경에

 충격을 받았습니다. 더욱 그녀를 놀라게 한 것은 가족 모두가 젓가락을 사용하지 않고 있었다는 것입니다. 알고 보니 젓가락이 없어 그동안 손으로

## 충격을 받았습니다. 더욱 그녀를 놀라게 한 것은

## 가족 모두가 젓가락을 사용하지 않고 있었다는

## 것입니다. 알고 보니 젓가락이 없어 그동안 손으로

음식을 집어 먹었다는 것입니다. 그녀는 가족들의 모습을 카메라에 생생하게 담고 수첩에 간단하게 메모를 남겼습니다. 그리고 가장으로 보이는

## 음식을 집어 먹었다는 것입니다. 그녀는 가족들의

## 모습을 카메라에 생생하게 담고 수첩에 간단하게

## 메모를 남겼습니다. 그리고 가장으로 보이는

 남자에게 위로의 말을 건네는 것도 잊지 않았습니다. "용기를 잃지 마시고 열심히 사세요. 곧 희망이 보일 겁니다." 그러나 남자는 아무런 반응이

## 남자에게 위로의 말을 건네는 것도 잊지 않았습니다.

## "용기를 잃지 마시고 열심히 사세요. 곧 희망이

## 보일 겁니다." 그러나 남자는 아무런 반응이

없었습니다. 그녀는 집을 나오면서 돌담 바로 옆에 젓가락으로 쓰기에 아주 적당해 보이는 가느다란 대나무가 자라고 있는 것을 발견했습니다. 그녀는

## 없었습니다. 그녀는 집을 나오면서 돌담 바로 옆에

## 젓가락으로 쓰기에 아주 적당해 보이는 가느다란

## 대나무가 자라고 있는 것을 발견했습니다. 그녀는

 자신의 수첩에 있던 방금 전 메모를 지워 버렸습니다. 무거운 마음으로 그녀는 발길을 돌렸습니다. 이곳저곳을 둘러보다가 지나가는 아주머니에게

## 자신의 수첩에 있던 방금 전 메모를 지워 버렸습니다.

## 무거운 마음으로 그녀는 발길을 돌렸습니다.

## 이곳저곳을 둘러보다가 지나가는 아주머니에게

물었습니다. "이 동네에서 형편이 아주 어려운 집이 어딘지 아시나요?"
그러자 한 집을 가리켰는데 겉으로 보기에는 다른 집과 마찬가지로 허름하고

## 물었습니다. "이 동네에서 형편이 아주 어려운 집이

## 어딘지 아시나요?" 그러자 한 집을 가리켰는데

## 겉으로 보기에는 다른 집과 마찬가지로 허름하고

불품없었습니다. 아주머니는 그 집 남편은 많은 빚까지 남긴 채 몇 년 전 암으로 세상을 떠났다고 했습니다. 그리고 남은 두 명의 자식 가운데 하나는

## 불품없었습니다. 아주머니는 그 집 남편은 많은

## 빚까지 남긴 채 몇 년 전 암으로 세상을 떠났다고

## 했습니다. 그리고 남은 두 명의 자식 가운데 하나는

심한 장애를 앓고 있으며, 부인이 공장에서 받은 적은 월급으로 세 식구가
겨우 생활을 하고 있다고 했습니다. 더군다나 매달 월급에서 남편이 남겨놓은

## 심한 장애를 앓고 있으며, 부인이 공장에서 받은

## 적은 월급으로 세 식구가 겨우 생활을 하고 있다고

## 했습니다. 더군다나 매달 월급에서 남편이 남겨놓은

 빚까지 조금씩 갚아야 하는 형편이라는 말도 덧붙였습니다. 그 집 안으로 들어서자 마침 저녁준비를 하느라고 분주한 세 식구를 만날 수

## 빚까지 조금씩 갚아야 하는 형편이라는 말도

## 덧붙였습니다. 그 집 안으로 들어서자 마침

## 저녁준비를 하느라고 분주한 세 식구를 만날 수

있었습니다. 방은 비좁고 허름했지만 방안을 장식하고 있는 커튼은 폐지를 이용해 붙여서 만든 것처럼 보였고, 부엌에 있는 조미료는 비록

## 있었습니다. 방은 비좁고 허름했지만 방안을

## 장식하고 있는 커튼은 폐지를 이용해 붙여서

## 만든 것처럼 보였고, 부엌에 있는 조미료는 비록

소금과 설탕뿐이었지만 통을 수시로 닦았는지 아주 깨끗해 보였습니다.
서랍장과 의자는 모두 남이 쓰던 것을 가져온 것처럼 보였지만 깨끗하게

## 소금과 설탕뿐이었지만 통을 수시로 닦았는지 아주

## 깨끗해 보였습니다. 서랍장과 의자는 모두 남이

## 쓰던 것을 가져온 것처럼 보였지만 깨끗하게

닦여있었습니다. 남이 쓰다가 버린 것을 주워와 다시 사용하느냐는 기자의
조심스런 질문에 앞으로 십 년은 더 사용할 수 있다며 아이들의 엄마는 밝게

## 닦여있었습니다. 남이 쓰다가 버린 것을 주워와 다시

## 사용하느냐는 기자의 조심스런 질문에 앞으로

## 십 년은 더 사용할 수 있다며 아이들의 엄마는 밝게

웃었습니다. 취재를 마치고 신문사로 돌아온 기자는 세 식구의 이야기를 정리해 신문에 실었습니다. 기사가 나가자 예상대로 격려의 전화와 편지가

## 웃었습니다. 취재를 마치고 신문사로 돌아온 기자는

## 세 식구의 이야기를 정리해 신문에 실었습니다.

## 기사가 나가자 예상대로 격려의 전화와 편지가

수없이 날아들었습니다. 그리고 그 가족들에게 전해달라며 쌀과 생필품을 보내오는 사람들도 있었습니다. 또한 적지 않은 성금도 모여 신문사

## 수없이 날아들었습니다. 그리고 그 가족들에게

## 전해달라며 쌀과 생필품을 보내오는 사람들도

## 있었습니다. 또한 적지 않은 성금도 모여 신문사

 직원들이 물품과 성금을 전달하러 갔습니다. 그런데 아이들 엄마가 받지 않겠다고 해서 억지로 떠안기고 돌아왔는데 어떻게 됐는지 모르겠다는

## 직원들이 물품과 성금을 전달하러 갔습니다.

## 그런데 아이들 엄마가 받지 않겠다고 해서 억지로

## 떠안기고 돌아왔는데 어떻게 됐는지 모르겠다는

것이었습니다. 기자는 당장 그 집으로 달려갔습니다. 그런데 그녀의 눈앞에 펼쳐진 모습에 그만 할 말을 잃고 말았습니다. 아이들의 엄마가 쌀과 물품,

것이었습니다. 기자는 당장 그 집으로 달려갔습니다.

그런데 그녀의 눈앞에 펼쳐진 모습에 그만 할 말을

잃고 말았습니다. 아이들의 엄마가 쌀과 물품,

 그리고 성금을 이웃들에게 골고루 나눠주고 있었습니다. 그녀가 다가가 이유를 묻자 온화한 미소를 지으며 말했습니다. "신문사로 돌려보내려고

## 그리고 성금을 이웃들에게 골고루 나눠주고

## 있었습니다. 그녀가 다가가 이유를 묻자 온화한

## 미소를 지으며 말했습니다. "신문사로 돌려보내려고

했지만 운동비가 들 것 같아서요. 차라리 형편이 좋지 않은 이웃들에게
나눠주는 것이 좋겠다는 생각이 들었어요. 그리고 전 이거 한 봉지면

햇지만 운동비가 들 것 같아서요. 차라리 형편이

좋지 않은 이웃들에게 나눠주는 것이 좋겠다는

생각이 들었어요. 그리고 전 이거 한 봉지면

 통분해요. 마침 집에 소금이 떨어졌거든요." 부인은 자기 몫으로 챙겨두었다는 소금 한 봉지를 들어 보이며 활짝 웃었습니다.

## 통분해요. 마침 집에 소금이 떨어졌거든요." 부인은

## 자기 몫으로 챙겨두었다는 소금 한 봉지를 들어

## 보이며 활짝 웃었습니다.

<소통한 불상을 지켜낸 지혜로움> 대학교수로 재직하다 은퇴하고 노후를 보내고 있는 학자가 있었습니다. 그가 20년 전쯤에 경험했던

## 소통한 불상을 지켜낸 지혜로움

### 대학교수로 재직하다 은퇴하고 노후를 보내고 있는

### 학자가 있었습니다. 그가 20년 전쯤에 경험했던

 일입니다. 그해 가을, 그는 홍콩에서 열리는 학술 세미나에 참석하였습니다. 아내와 함께한 여행이었기에 일정을 넉넉하게 잡아 태국 여행도

## 일입니다. 그해 가을, 그는 홍콩에서 열리는

## 학술 세미나에 참석하였습니다. 아내와 함께한

## 여행이었기에 일정을 넉넉하게 잡아 태국 여행도

계획했습니다. 홍콩에서의 일정을 무사히 마친 학자 부부는 태국으로 향했습니다. 방콕에 도착한 부부는 우선 시내의 유명한 사원들을 둘러보기

## 계획했습니다. 홍콩에서의 일정을 무사히 마친

## 학자 부부는 태국으로 향했습니다. 방콕에 도착한

## 부부는 우선 시내의 유명한 사원들을 둘러보기

 시작했습니다. 웅장한 규모를 자랑하는 사원 앞에서 지나간 시간을 다시금 되돌아보는 엄숙한 시간도 가졌습니다. 금불사는 겨우 10평방미터의 작은

## 시작했습니다. 웅장한 규모를 자랑하는 사원 앞에서

## 지나간 시간을 다시금 되돌아보는 엄숙한 시간도

## 가졌습니다. 금불사는 겨우 10평방미터의 작은

규모였지만 그들이 그곳에서 받은 감동은 영원히 기억에 남을 만큼 인상적
이었습니다. 사원 안으로 들어가자 그의 입에서 가느다란 떨림의 탄성이

## 규모였지만 그들이 그곳에서 받은 감동은 영원히

## 기억에 남을 만큼 인상적이었습니다. 사원 안으로

## 들어가자 그의 입에서 가느다란 떨림의 탄성이

흘러나왔습니다. "아, 이렇게 눈부신 불상이…." 그의 눈앞에 우뚝 서 있는 것은 3미터 높이의 거대한 황금으로 된 불상이었습니다. 무게가 무려 2.5톤으로

## 흘러나왔습니다. "아, 이렇게 눈부신 불상이…."

## 그의 눈앞에 우뚝 서 있는 것은 3미터 높이의 거대한

## 황금으로 된 불상이었습니다. 무게가 무려 2.5톤으로

그것을 금액으로 환산하자면 2억 달러에 가깝다고 했습니다. 그 불상을 보는 순간 그는 자비로움과 엄숙함 속에 가슴 속에 알 수 없는 전율을 느꼈습니다.

## 그것을 금액으로 환산하자면 2억 달러에 가깝다고

## 했습니다. 그 불상을 보는 순간 그는 자비로움과

## 엄숙함 속에 가슴 속에 알 수 없는 전율을 느꼈습니다.

다른 관광객들은 사진을 찍고 서로 얘기를 하느라 정신이 없었지만 그는 달랐습니다. 차츰 몰입되어 가는 자신을 느꼈고 그것이 색다른 경험에서 오는

## 다른 관광객들은 사진을 찍고 서로 얘기를 하느라

## 정신이 없었지만 그는 달랐습니다. 차츰 몰입되어

## 가는 자신을 느꼈고 그것이 색다른 경험에서 오는

신선한 충격과 감동이라는 것을 알게 되었습니다. 그의 눈길이 멈춘 것은 불상 앞에 놓인 유리 상자였습니다. 그 안에는 거대한 흙덩어리가

## 신선한 충격과 감동이라는 것을 알게 되었습니다.

## 그의 눈길이 멈춘 것은 불상 앞에 놓인 유리

## 상자였습니다. 그 안에는 거대한 흙덩어리가

들어있었습니다. 그는 그 흙덩어리가 간직한 역사에 또 한 번 감격했습니다. 1957년 태국 정부가 방콕 시내에 고속도로를 건설하기 시작하였고 고속도로는

## 들어있었습니다. 그는 그 흙덩어리가 간직한 역사에

## 또 한 번 감격했습니다. 1957년 태국 정부가 방콕

## 시내에 고속도로를 건설하기 시작하였고 고속도로는

이곳 사원을 통과하게 되어 철거를 할 수밖에 없는 상황이었습니다. 결국 능려들은 사원 안에 있는 흙으로 만든 불상을 다른 곳으로 옮겨야만 했습니다.

## 이곳 사원을 통과하게 되어 철거를 할 수밖에 없는

## 상황이었습니다. 결국 능려들은 사원 안에 있는

## 흙으로 만든 불상을 다른 곳으로 옮겨야만 했습니다.

 그러나 엄청난 크기의 불상을 옮기는 일은 결코 쉽지 않았습니다. 조심해서 옮기기 시작했지만 결국 균열이 생겼고 설상가상으로 때마침 장대비가

## 그러나 엄청난 크기의 불상을 옮기는 일은 결코

## 쉽지 않았습니다. 조심해서 옮기기 시작했지만 결국

## 균열이 생겼고 설상가상으로 때마침 장대비가

쏟아지기 시작했습니다. 능력들은 불상이 부서지고 손상되는 것을 막기 위해 다시 원래의 자리로 옮기고 비에 젖지 않도록 대형 천막으로 둘러쳤습니다.

## 쏟아지기 시작했습니다. 능려들은 불상이 부서지고

## 손상되는 것을 막기 위해 다시 원래의 자리로 옮기고

## 비에 젖지 않도록 대형 천막으로 둘러쳤습니다.

 그날 밤, 염려가 된 노승들이 손전등을 들고 나와 천막을 걷고 불상의 피해 정도를 살폈습니다. 전등으로 이곳저곳을 살펴보고 있을 때였습니다.

## 그날 밤, 염려가 된 노승들이 손전등을 들고 나와

## 천막을 걷고 불상의 피해 정도를 살폈습니다.

## 전등으로 이곳저곳을 살펴보고 있을 때였습니다.

"이게 무슨 빛이지?" 그 때 한 노승이 소리쳤습니다. 균열이 생긴 불상의 틈에서 밝은 빛이 반사되어 나오고 있었습니다. 다른 능려들도 다가와

"이게 무슨 빛이지?" 그 때 한 노승이 소리쳤습니다.

균열이 생긴 불상의 틈에서 밝은 빛이 반사되어

나오고 있었습니다. 다른 능려들도 다가와

 살펴보았습니다. "이런! 흙으로 만들어진 불상이 아니었어! 이 안에 또 다른 무언가가 숨겨져 있어." 조심스럽게 불상 표면의 흙을 떼어내자 눈부신

# 살펴보았습니다. "이런! 흙으로 만들어진 불상이

# 아니었어! 이 안에 또 다른 무언가가 숨겨져 있어."

# 조심스럽게 불상 표면의 흙을 떼어내자 눈부신

황금 빛의 불상이 나타났습니다. 수백 년 전 버마 군대가 태국을 침공했을 당시 황금불상을 빼앗기지 않으려고 진흙으로 덮었던 것입니다.

## 황금 빛의 불상이 나타났습니다. 수백 년 전 버마

## 군대가 태국을 침공했을 당시 황금불상을

## 빼앗기지 않으려고 진흙으로 덮었던 것입니다.

### ◆ 3. 다이어리 꾸미기

It is love, not reason, that is stronger than death.

# 오직

못된 사람의 모진 마음

오직

내가 너그러워야 받아들일 수 있다네.

비뚤어진 쟁기의 모습

오직

대지만이 견딜 수 있듯이.

It is impossible to love a second time what we have really ceased to love.

It is love,
not reason,
that is stronger than death.

오직

못된 사람의 모진 마음

오직

내가 너그러워야 받아들일 수 있다네.

비뚤어진 쟁기의 모습

오직

대지만이 견딜 수 있듯이.

It is impossible to **love** a second time
what we have really ceased to love.

## 인생이 길 없는 늪 같아서

인생이

정말 길 없는 늪 같아서

얼굴이 거미줄에 걸려 간지러울 때

그리고 작은 나뭇가지가 눈을 때려

한 쪽 눈에서 눈물이 날 때면

그 시절로 돌아가고 싶어진다.

이 세상을 잠시 떠났다가

다시 와서 새 출발을 하고 싶어진다.

It is love, not reason, that is stronger than death.

## 인생이 길 없는 숲 같아서

인생이

정말 길 없는 숲 같아서

얼굴이 거미줄에 걸려 간지러울 때

그리고 작은 나뭇가지가 눈을 때려

한 쪽 눈에서 눈물이 날 때면

그 시절로 돌아가고 싶어진다.

이 세상을 잠시 떠났다가

다시 와서 새 출발을 하고 싶어진다.

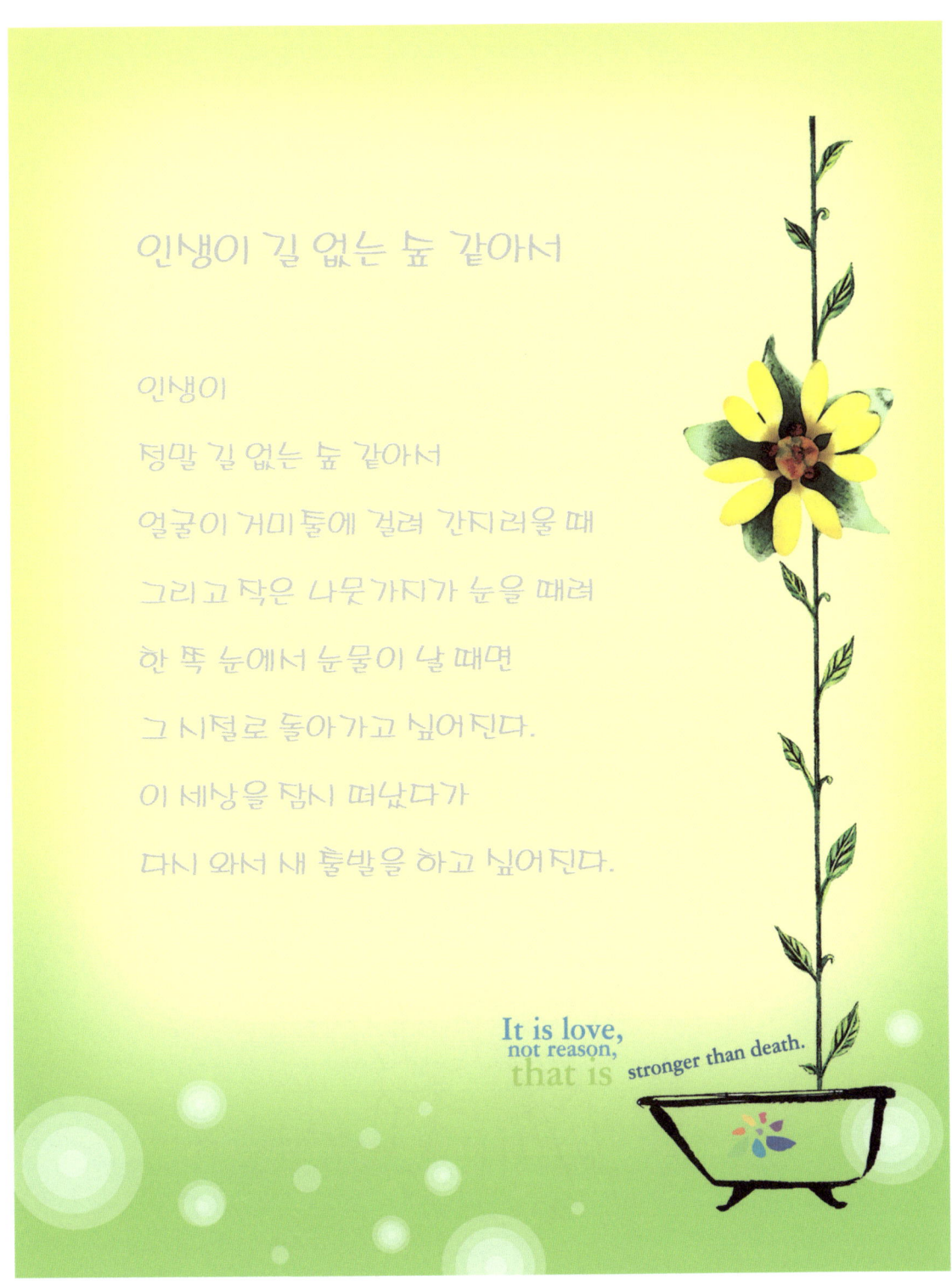

It is love, not reason, that is stronger than death.

simply, it is necessary to know how to show love
In order to love

## 마음 마음 마음이여

마음 마음 마음이여,

알 수 없구나.

너그러운 때는

온 세상을 다 받아들이다가도

한번 옹졸해지면

바늘 하나 꽂을 자리 없구나.

simply, it is necessary to know how to show love
In order to love

## 마음 마음 마음이여

마음 마음 마음이여,

알 수 없구나.

너그러운 때는

온 세상을 다 받아들이다가도

한번 옹졸해지면

바늘 하나 꽂을 자리 없구나.

# 잡초

인디언에게는 잡초라는 말이 없습니다.

그러나 사람들은

마음에 들지 않는 풀을 잡초라고 부릅니다.

세상에 잡초라는 것은 없습니다.

존재 이유가 없는 풀은 없다는 것입니다.

모든 풀은 존중되어야 합니다.

love
It is impossible to       a second time what we have really ceased to love.

## 잡초

인디언에게는 잡초라는 말이 없습니다.

그러나 사람들은

마음에 들지 않는 풀을 잡초라고 부릅니다.

세상에 잡초라는 것은 없습니다.

존재 이유가 없는 풀은 없다는 것입니다.

모든 풀은 존중되어야 합니다.

love
It is impossible to　　　　a second time what we have really ceased to love.

still have a longing for your memory

## 어둠 속에서는 차라리 눈을 감고

앞이 보이지 않을 때는 가만히 눈을 감고
어둠 속에서 길을 찾는 것이 좋습니다.
어둠을 볼 수 있게 하는 것은
더 깊은 어둠이니까.

...... still have a longing for your memory~

## 어둠 속에서는 차라리 눈을 감고

앞이 보이지 않을 때는 가만히 눈을 감고
어둠 속에서 길을 찾는 것이 좋습니다.
어둠을 볼 수 있게 하는 것은
더 깊은 어둠이니까.

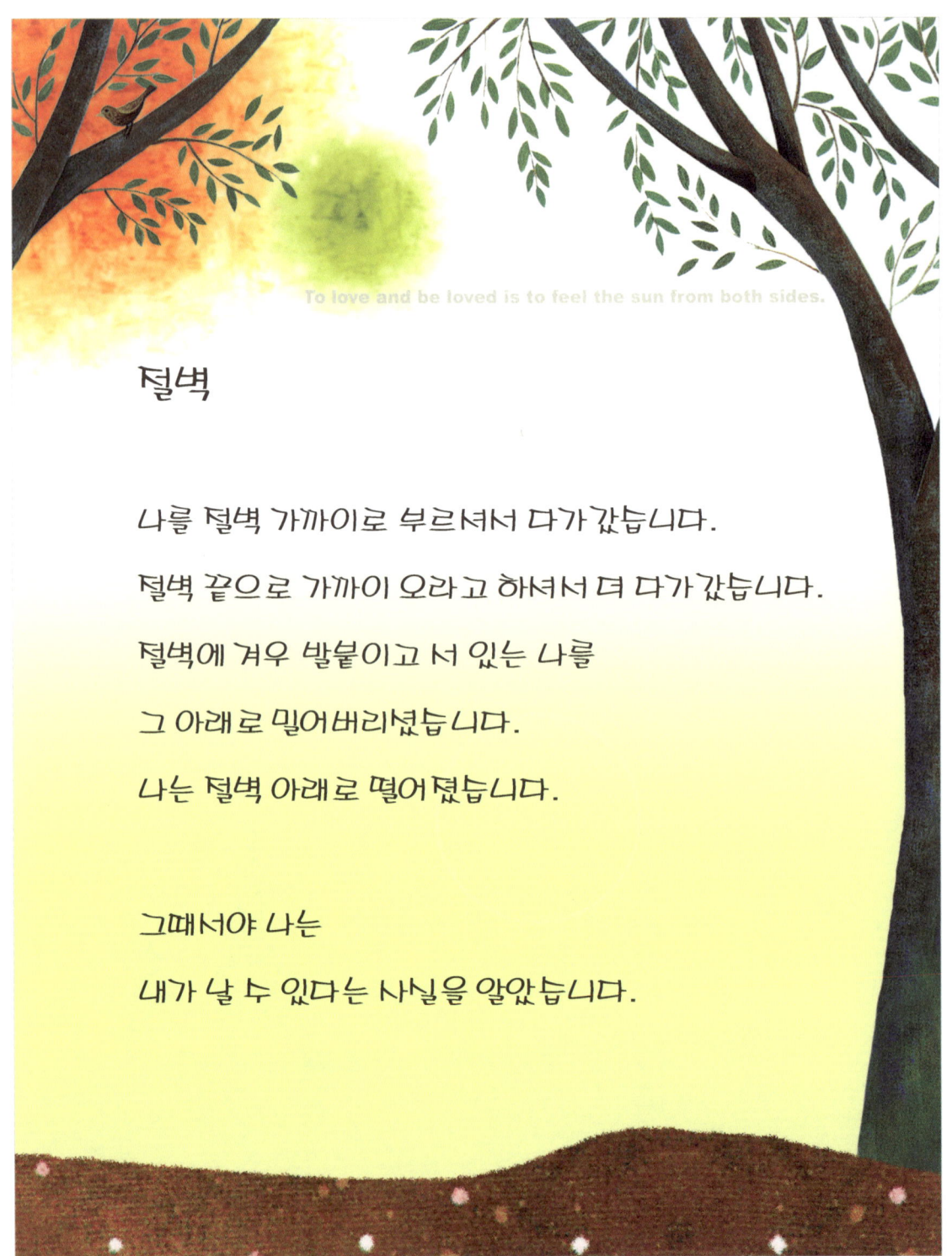

To love and be loved is to feel the sun from both sides.

## 절벽

나를 절벽 가까이로 부르셔서 다가갔습니다.

절벽 끝으로 가까이 오라고 하셔서 더 다가갔습니다.

절벽에 겨우 발붙이고 서 있는 나를

그 아래로 밀어버리셨습니다.

나는 절벽 아래로 떨어졌습니다.

그때서야 나는

내가 날 수 있다는 사실을 알았습니다.

To love and be loved is to feel the sun from both sides.

## 절벽

나를 절벽 가까이로 부르셔서 다가갔습니다.

절벽 끝으로 가까이 오라고 하셔서 더 다가갔습니다.

절벽에 겨우 발붙이고 서 있는 나를

그 아래로 밀어버리셨습니다.

나는 절벽 아래로 떨어졌습니다.

그때서야 나는

내가 날 수 있다는 사실을 알았습니다.

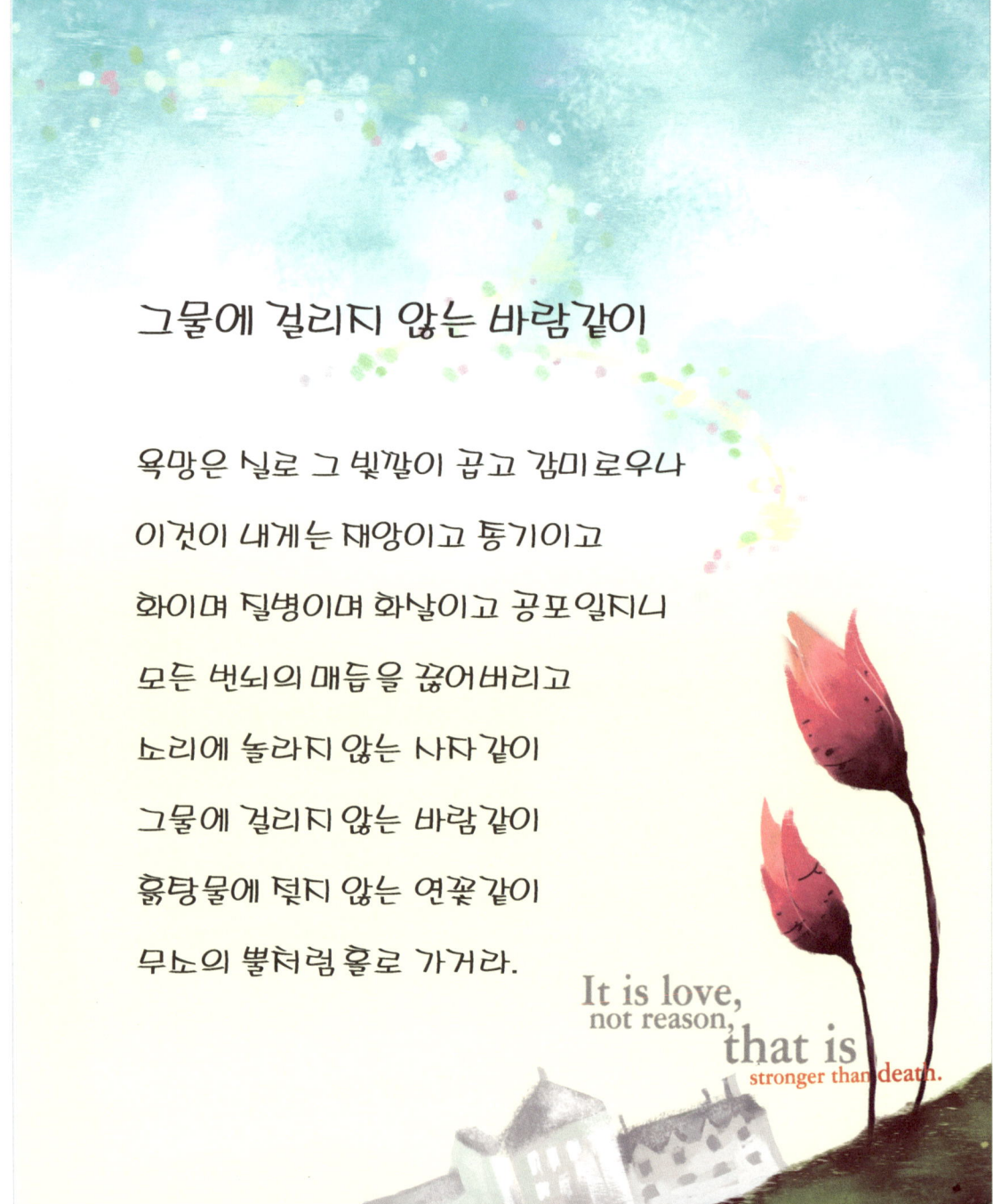

## 그물에 걸리지 않는 바람같이

욕망은 실로 그 빛깔이 곱고 감미로우나

이것이 내게는 재앙이고 통기이고

화이며 질병이며 화살이고 공포일지니

모든 번뇌의 매듭을 끊어버리고

소리에 놀라지 않는 사자같이

그물에 걸리지 않는 바람같이

흙탕물에 젖지 않는 연꽃같이

무소의 뿔처럼 홀로 가거라.

It is love, not reason, that is stronger than death.

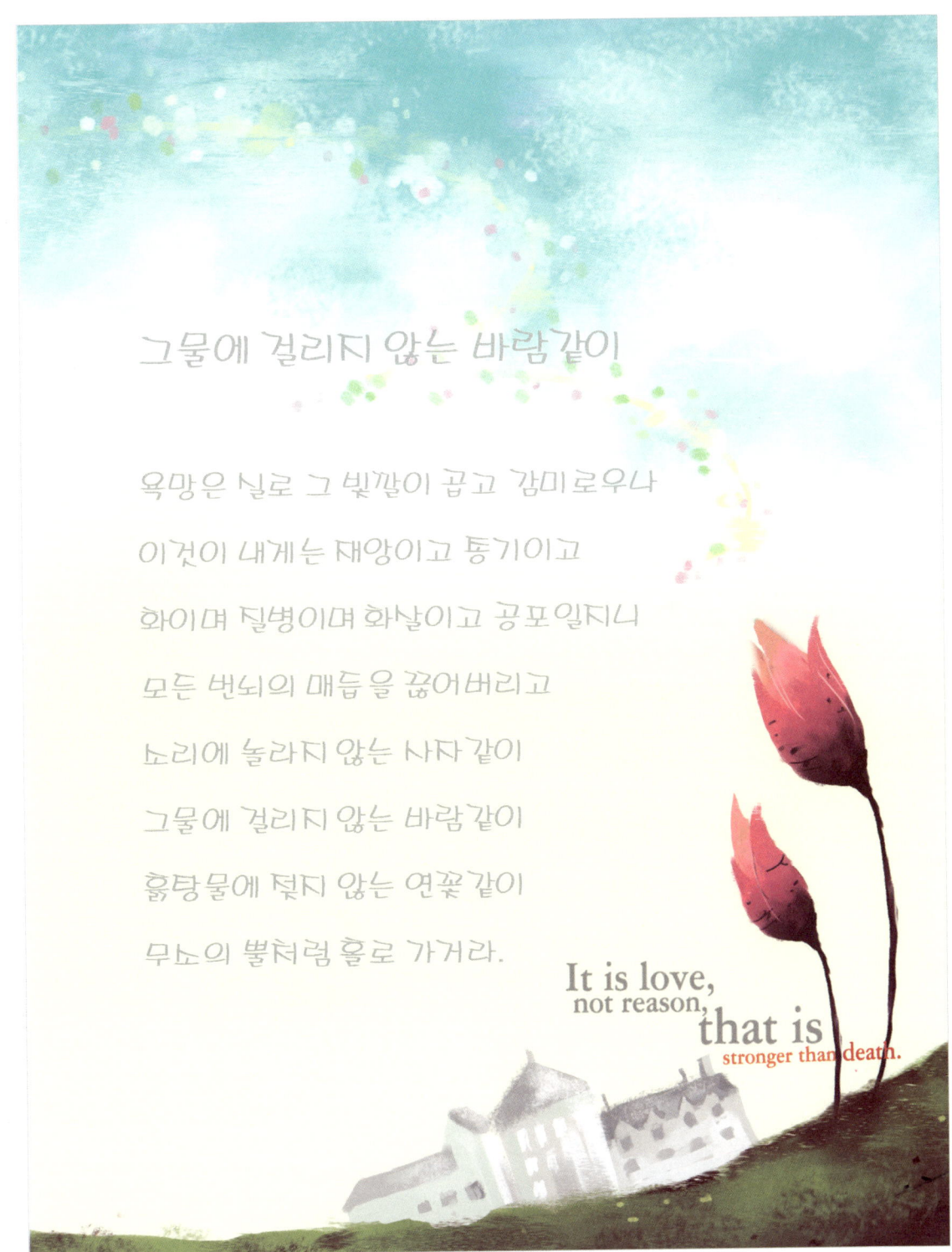

## 그물에 걸리지 않는 바람같이

욕망은 실로 그 빛깔이 곱고 감미로우나
이것이 내게는 재앙이고 통기이고
화이며 질병이며 화살이고 공포일지니
모든 번뇌의 매듭을 끊어버리고
쇼리에 놀라지 않는 사자같이
그물에 걸리지 않는 바람같이
흙탕물에 젖지 않는 연꽃같이
무소의 뿔처럼 홀로 가거라.

It is love, not reason, that is stronger than death.

In order to love    love
simply, it is necessary to know how to show

## 희망이란

희망이란

본래 있다고도 할 수 없고 없다고도 할 수 없다.

그것은 마치 땅 위의 길과 같은 것이다.

본래 땅 위에는 길이 없었다.

한 사람이 먼저 가고

걸어가는 사람이 많아지면

그것이 곧 길이 되는 것이다.

In order to love    love
simply, it is necessary to know how to show

## 희망이란

희망이란

본래 있다고도 할 수 없고 없다고도 할 수 없다.

그것은 마치 땅 위의 길과 같은 것이다.

본래 땅 위에는 길이 없다.

한 사람이 먼저 가고

걸어가는 사람이 많아지면

그것이 곧 길이 되는 것이다.

## 한글 명품 손글씨 쓰기

엮은이 | 한글새암
펴낸이 | 최병섭    펴낸곳 | 이가출판사

주    소 | 서울시 영등포구 신길동 194-70
대표전화 | 716-3767    팩시밀리 | 716-3768
E-mail | ega11@hanmail.net
ISBN | 978-89-7547-093-6 (13640)

* 책 값은 뒷표지에 있습니다.
* 잘못 만들어진 책은 구입하신 서점에서 교환해 드립니다.
* 이 책의 저작권은 이가출판사에 있습니다. 무단전제와 복제를 금합니다.

본서에 수록된 서체는 한양정보통신의 '피오피' 폰트입니다.